▶ **YouTube**

박교수의 7분법(seven-law)

02 지식재산권법

박 승 두

신세림출판사

머 리 말

    일반인에게 법률은 어렵고 전문적이라 접근하기가 쉽지 않다. 특히 지식재산권법은 최근에 부상한 법률로 일반인뿐만 아니라 법조인에게도 대체로 생소한 분야이다.

    이번에 일반인이 법률에 대하여 친숙한 마음을 가질 수 있도록 유튜브에 "박교수의 7분법(seven-law)"을 개설하였다. 이 강좌는 법률에 대하여 전혀 모르는 사람도 7분만 들어보면 어느 정도 전체적인 체계를 이해할 수 있도록 하였다.

    이 책은 금년 3월에 발간한 「핵심 지식재산권법」을 더욱 쉽게 정리하여 강의를 들으면서 보거나 항시 휴대하며 언제든지 간편하게 읽을 수 있도록 하였다.

    아무쪼록 이 책이 일반인이 지식재산권법을 이해하는데 조금이라도 도움이 되었으면 한다.

2020년 9월 1일

코로나19사태에 전국을 휩쓴 홍수,

그리고 폭염까지 겹쳐 무척 힘든 여름을 보내며…

박 승 두 씀

목 차

제1장 지식재산권법의 기본이해

제1절 지식재산권법의 개념　　　3

제2절 지식재산권법의 탄생 배경　　　9

제3절 지식재산권법의 법적 지위　　　11

제2장 특허법

제1절 특허법의 개념　　　25

제2절 특허권의 주체　　　26

제3절 특허권의 대상　　　28

제4절 특허출원의 절차　　　36

제5절 특허권의 효력　　　44

제6절 특허권의 침해에 대한 구제　　　46

제3장 실용신안법

제1절 실용신안법의 개념　　53

제2절 실용신안권의 주체　　54

제3절 실용신안권의 대상　　54

제4절 실용신안출원의 절차　　56

제5절 실용신안권의 효력　　61

제6절 실용신안권의 침해에 대한 구제　　62

제4장 디자인보호법

제1절 디자인보호법의 개념　　69

제2절 디자인권의 주체　　70

제3절 디자인권의 대상　　72

제4절 디자인출원의 절차　　75

제5절 디자인권의 효력　　89

제6절 디자인권의 침해에 대한 구제　　98

제5장 상표법

제1절 상표법의 개념 107

제2절 상표권의 주체 108

제3절 상표권의 대상 110

제4절 상표출원의 절차 112

제5절 상표권의 효력 124

제6절 상표권의 침해에 대한 구제 133

제6장 저작권법

제1절 저작권법의 개념 141

제2절 저작권의 주체 142

제3절 저작권의 대상 143

제4절 저작권의 효력 152

제5절 저작권의 침해에 대한 구제 170

참고 문헌 181

제 1 장 지식재산권법의 기본이해

제 1 절 지식재산권법의 개념
제 2 절 지식재산권법의 탄생 배경
제 3 절 지식재산권법의 법적 지위

제1절 지식재산권법의 개념

1. 지식재산의 개념

'지식재산(知識財産, Intellectual Property)'은 일반적으로 **"무형적인 것으로서 재산적 가치가 실현될 수 있는 것"**이라 정의한다.[1]

이에 관하여 「지식재산 기본법」(다음부터 '기본법'이라 한다)은 좀 더 구체적으로, "인간의 창조적 활동 또는 경험 등에 의하여 창출되거나 발견된 지식·정보·기술, 사상이나 감정의 표현, 영업이나 물건의 표시, 생물의 품종이나 유전자원(遺傳資源), 그 밖에 무형적인 것으로서 재산적 가치가 실현될 수 있는 것"이라고 정의한다(제3조 제1호).

그러나 이러한 정의는 타당하다고 볼 수 없다. 그 이유는 이는 '지식'이 추가된 이유나 지식재산의 특성보다는 재산의 존재형식인 '무형'에 역점을 두고 있기 때문이다. 따라서 **"지적 가치가 있는 재산"**으로 파악하는 것이 타당하다고 생각한다.

그동안 '지적재산'과 '지식재산'이라는 용어가 혼용

---

1) 정태호, 『지식재산권강의』(2018), 8면.

되어 왔으나, 기본법의 제정이후 법률용어로는 '지식재산'으로 통일하였다.[2] 그러나 학자들은 여전히 '지식재산'[3]과 '지적재산'[4] 두 가지를 사용하고 있다.

2. 지식재산권의 개념

'지식재산권(知識財産權, Intellectual Property Rights)'은 좁게 볼 수도 있고 넓게 볼 수도 있다. **전자**는 "지식재산을 일정 기간 보호하기 위해서 특허법이나 저작권법 또는 상표법 등의 성문법에 의해서 부여된 권리, 즉 지식재산을 일정 기간 동안 배타적으로 사용·수익·처분할 수 있는 권리"를 말한다.

그리고, **후자**는 "성문법상의 특허권이나 저작권 또는 상표권뿐만 아니라 계약이나 불법행위 또는 부당이득의 법리에 의해서 지식재산을 보호받을 수 있는 권리 모두"를 뜻한다.[5]

이에 관하여, 기본법은 좁게 보는 견해에 따라, **"법령 또는 조약 등에 따라 인정되거나 보호되는 지식재산에 관한 권**

---

2) 이 법의 제정으로 다른 법률에 규정하였던 '지적재산'은 모두 '지식재산'으로 개정하였다.

3) 강충인, 『4차 산업혁명시대 지식재산권법 무엇이 바뀌는가?』, (2018), 김정완, 김원준, 『지식재산권법』(2013); 윤권순, 『지식재산권법이란 무엇인가』(2019), 이동훈·이창배·노철우, 『지식재산권법』(2019); 정상조·박준석, 『지식재산권법』(2019); 정태호, 『지식재산권강의』(2018); 최병록, 『지식재산권의 이해』(2019) 등.

4) 송영식외, 『지적재산법』(2018); 윤선희, 『지적재산권법』(2018); 조영선, 『지적재산권법』(2019); 홍봉규, 『지적재산권법 개론』(2019) 등.

5) 정상조·박준석, 『지식재산권법』(2019), 5면.

리"로 정의한다(제3조 제3호).

그러나 세계지식재산권기구(WIPO)는 "문학·예술 및 과학작품, 연출, 예술가의 공연·음반 및 방송, 발명, 과학적 발견, 공업의장, 등록상표 등에 대한 보호권리와 공업·과학·문학 또는 예술분야의 **지식활동에서 발생하는 기타 모든 권리**"로 넓게 보고 있다.[6]

3. 지식재산권의 권리성

'지식재산권'도 당연히 권리로서의 성격을 가지지만, 다음과 같이 법적 보장의 측면에서는 여러 가지로 미흡하다고 생각한다. 이는 향후 개선하여야 할 과제라고 본다.

첫째, 헌법에서 저작자 등의 권리를 보장하고 있지만, 명확하게 지식재산권을 보장하는 규정이 없다.

둘째, 법률의 명칭도 특허법, 실용신안법, 상표법은 모두 제도적 측면에서 이해하고 있고, 디자인보호법은 보호의 대상으로 파악하고 있다. 정작 권리의 의미를 부여한 것은 저작권법밖에 없다.

셋째, 입법목적을 보면, 모두 권리의 보장보다는 "산업발전에 이바지함을 목적으로" 하고 있다.

셋째, 법률의 내용도 전반적으로 권리·의무의 관계보다는 제도적 측면에서 규정하고 있다.

---

6) 최병록, 『지식재산권의 이해』(2019), 14~15면.

4. 지식재산권법의 이념

지식재산권법(知識財産權法, Intellectual Property Rights Act)의 이념은 헌법에서 찾아야 하며,[7] 헌법 정신을 실천하는 것이 그 이념이다. 따라서 지식재산권법도 재산권법을 기본으로 하면서도 "저작자·발명가·과학기술자와 예술가의 권리"를 보호하는 것이 가장 핵심이다.

5. 지식재산권법의 개념

지식재산권법은 일반적으로, "지식재산을 보호하는 법의 총칭"이라 이해되고 있지만,[8] 엄격히 보면 지식재산 자체에 대한 보호보다는 지식재산을 창출하는 "저작자·발명가·과학기술자와 예술가의 권리 보호"가 목적이라고 보아야 한다.[9]

지식재산권법의 개념은 앞에서 본 바와 같이, 지식재산의 범위를 넓게 보느냐 좁게 보느냐에 따라 달라진다. 이를 크게

---

7) 헌법은 ① 모든 국민에게 재산권을 보장하고(제23조 제1항), ② "언론·출판의 자유와 집회·결사의 자유"(제21조 제1항)와 ③ "학문과 예술의 자유"(제22조 제1항)를 보장하고 있다. 그리고 ④ "저작자·발명가·과학기술자와 예술가의 권리"는 특별히 법률로써 보호한다(제22조 제1항)고 규정하고 있다.

8) 송영식외, 『지적재산법』 (2018), 7면.

9) 이는 노동법의 이념이 노동 자체의 보호보다는 노동자의 권리 보장인 것과 마찬가지이다; 박승두, 『노동법의 역사』 (2014), 7면.

세 가지로 나누어 볼 수 있는데, 좁게 보는 견해를 '작은 지식법', 넓게 보는 견해를 '큰 지식법', 그리고 중간을 '중간 지식법'이라 할 때 이를 정리하면 아래 〈표 1〉과 같다.

〈표 1〉   지식재산권법의 범위

구 분	작은 지식법	중간 지식법	큰 지식법
3단계	-	-	**지식활동 관련법** 지식활동에서 발생하는 모든 권리를 보호하는 법률 및 관련 조약
2단계	-	**지식재산 관련법** 부정경쟁방지법, 산업기술보호법, 반도체칩법, 콘텐츠산업진흥법, 인터넷주소자원관리법, 식물신품종보호법 및 관련 조약 등	(좌 동)
1단계	**지식재산 기본 5법** 특허법, 실용신안법, 디자인보호법, 상표법, 저작권법 및 관련 조약	(좌 동)	(좌 동)

이처럼 '지식재산권법'은 보는 관점에 따라 다양하게 정의할 수 있으며, 필자도 지식재산권은 넓게 해석하는 것이 바람직하다고 생각한다.

그러나 이 책은 일반인이 알아야 할 기본적인 사항에 국한하였으므로, 좁게 보는 견해의 '작은 지식법'만 설명하였으며, 그 개관은 아래 〈표 2〉와 같다.

〈표 2〉 지식재산권법의 개관

구 분	산업재산권법				저작권법
	특허법	실용신안법	디자인보호법	상표법	
암기법	**특**히	**실**용적이며	**디**자인과	**상**표가 좋은	**저**작물이 최고~
대한제국	특허령 (1908)	-	의장령 (1908)	상표령 (1908)	저작권령 (1908)
일 제	일본 산업재산권법 (1910)				일본 저작권법 (1910)
미군정	특허법 (1946)	-	-	상표법 (1949)	-
대한민국	특허법 (1961)	실용신안법 (1961)	의장법 (1961) 디자인보호법 (2004)	상표법 (1963)	저작권법 (1957)
소관부처	특허청	(좌동)	(좌동)	(좌동)	문화체육관광부

6. 지식재산 기본법의 성격

기본법은 2011년 5월 19일 제정(법률 제10629호)되어 2011년 7월 20일 시행되었고, 최근 2017년 12월 19일 개정되었다.

이 법은 지식재산에 관한 기본법으로서, **지식재산과 관련되는 다른 법률을 제정하거나 개정**하는 경우에는 이 법의 목적과 기본이념에 맞도록 하여야 한다(제5조 제1항).

국가는 기본법의 목적과 기본이념에 따라 지식재산의 창출·보호 및 활용을 촉진하고 그 기반을 조성하기 위한 종합적인 시책을 마련하여 추진하여야 한다(제4조 제1항).

제2절 지식재산권법의 탄생 배경

1. 지식재산권법의 시초

역사적으로 고대 로마시대에 테렌티우스(Terentius) 등 극작가의 공연권이 언급되기도 하였고, 중세 수도원에서 다른 사람의 시(詩) 등을 필사하는 필사권 문제가 제기되기도 하였다.[10]

---

10) 신혜원, 『저작재산권의 입법형성에 관한 연구』(2019), 48~50면.

그러나 법적 개념의 저작권은 1450년 구텐베르크의 활판
인쇄술의 발명으로부터 시작되었다. 처음에는 저작권자보다
는 **출판권자**를 보호하기 위한 것이었다. 최초로 서적을 출판
하는 업자는 많은 비용과 노력을 들이지만, 인쇄기술의 발달
로 이를 무단복제하여 부당한 이익을 취하는 현상이 나타났
기 때문이다. 이러한 문제를 해결하기 위하여 영국에서는 인
쇄출판단체(Stationers' Company)에게만 인쇄·출판할 수 있는 특
허권을 부여하였다.

이후 철학자 피히테(J.G Fichte)가 **저작자**의 권리를 주장하였
고, 영국의 「앤 여왕법」(Statute of Anne, 1710), 미국의 저작권법
(Copyright Act, 1790) 등이 제정되었고 프랑스 혁명이후 세계 각
국에서 입법이 행해졌다.11)

2. 우리나라 지식재산권법의 연혁

우리나라에서 지식재산권법은 **대한제국** 당시, 1908년에 내
려진 특허령, 의장령, 상표령, 저작권령에서 시작한다. 그리고
한일합방 이후에는 일본의 산업재산권법과 저작권법을 적용
하였고, **미군정기**를 거쳐 해방후 **대한민국**에서 1961년부터
독립적이고 근대적인 입법이 행해졌다. 즉, 1961년 특허법,
실용신안법, 의장법이 제정되었고, 1957년 저작권법, 1963년
상표법이 제정되었다. 그리고 2004년에는 의장법이 디자인보
호법으로 명칭이 변경되었다.

---

11) 오승종, 『저작권법』 (2016), 23~25면.

제3절 지식재산권법의 법적 지위

1. 헌법과의 관계

가. 헌법상 지식재산권 관련 규정

앞에서 본 바와 같이, 지식재산권법의 이념은 헌법에서 찾아야 하므로, 헌법상 ① 언론·출판의 자유와 집회·결사의 자유, ② 학문과 예술의 자유, ③ 저작자·발명가·과학기술자와 예술가의 권리, ④ 재산권의 관점에서 검토하여야 한다.

나. 헌법의 규범적 요청과 실현

지식재산권법은 헌법의 규범적 요청을 구체적으로 실현하는 법률이다. 이는 헌법과 지식재산권법의 관계에서만 성립하는 특유한 현상이 아니고, 헌법과 모든 법률의 관계에 공통적으로 적용되는 일반적 현상이다. 이는 헌법이 가지는 국가질서의 기본과 국민기본권 보장의 원천법으로서의 성격에서 연유한다.

다. 구체적 적용상의 문제점

지식재산권법이 헌법상 관련 기본권을 합리적으로 보장하고 있는지에 관하여 구체적인 사항에서는 상호 모순되지 않는가 하는 점에서 의문이 제기될 수 있지만, 근본적으로 양자의 조화를 추구하고 있다고 보아야 한다.12)

2. 민법과의 관계

가. 민법상 지식재산권 관련 규정

재산권에 관한 내용은 민법(물권과 채권)에 규정하고 있고 지식재산권도 재산권의 범주를 벗어날 수 없으므로, 민법과 지식재산권법은 가장 밀접한 관계에 있다. 구체적으로 지식재산권법은 재산권법의 기본법인 "민법의 특별법"이라 할 수 있다. 이를 정리하면, 다음 〈표 3〉과 같다.

민법상 ① 민사에 관하여 법률에 규정이 없으면 관습법에 의하고 관습법이 없으면 조리에 의한다(제1조), ② 권리의 행사와 의무의 이행은 신의에 좇아 성실히 하여야 한다(제2조 제1항), ③ 권리는 남용하지 못한다(제2조 제2항)는 대원칙은 모두 지식재산권법에도 그대로 적용된다.

그리고 물권에 관한 규정(제2편)과 채권에 관한 규정(제3편)도

---

12) 정상조·박준석, 『지식재산권법』(2019), 29~31면.

지식재산권법에 특별한 규정이 없는 한 원칙적으로 적용된다.

〈표 3〉 재산권법과 지식재산권법의 비교

구 분	재산권법	지식재산권법
근거 법률	민법 제2편 물권, 제3편 채권, 제5편 상속	특허법, 실용신안법, 디자인보호법, 상표법, 저작권법
공시방법	등기·등록 및 공증	등록
권리의 대상	부동산·동산·계약상 채권 등 인식이 용이함	발명, 프로그램, 디자인, 상표, 저작물 등 인식이 어려움
법원리	계약자유의 원칙에 의한 사적 자치 원칙	국가에 의한 권리의 인정 및 보호 원칙
침해 가능성	절도 등 권리침해가 객관적으로 확인 가능함	복제·전송 등 권리침해가 용이하고 객관적으로 확인하기 어려움
침해에 대한 구제	손해배상청구권·물권적청구권·강제집행 등 민사적 구제를 원칙으로 하며, 절도죄·강도죄·사기죄 등 형사적 구제도 가능함	침해행위에 대한 침해죄 등 형사상 구제를 원칙으로 하며, 손해배상청구권 등 민사적 구제도 가능함

나. 구체적 적용상의 문제점

계약에 관하여 지식재산권법에서 규정한 특칙이 적용되지만, 이를 규정하지 아니한 내용은 민법을 적용하여야 한다.

그리고 지식재산권을 침해하는 행위에 대한 금지청구권과 손해배상청구권을 특칙으로 규정하는 특허법이나 저작권법이 적용되지만, 이를 규정하지 아니한 기타의 공동불법행위와 부당이득의 문제는 민법의 해석으로 해결하여야 한다.[13]

또한 지식재산권의 행사결과 탄생된 결과물인 기계, 책 등은 민법상 물건에 해당하는 경우가 많으므로, 이들의 거래관계에 대하여는 민법상 물권과 채권이 적용된다.

3. 민사소송법과의 관계

가. 민사소송법상 지식재산권 관련 규정

민사소송법은 소송에 관한 심리의 전문성을 높여 국민에 대한 사법서비스를 제고하고자[14] 지식재산권의 재판관할에 관하여 따로 규정하고 있다. ① **"특허권등 지식재산권"**(특허권, 실용신안권, 디자인권, 상표권, 품종보호권)과 ② **"특허권등 지식재산권"을 제외한 지식재산권**(저작권 등)의 재판관할을 구분하여 규정하고 있다(제24조).

나. 구체적 적용상의 문제점

지식재산권의 침해로 인한 손해배상청구소송이나 침해정지청구소송 등은 민사소송법에 따라야 한다.[15]

---

13) 정상조·박준석, 『지식재산권법』(2019), 31~32면.

14) 정영환, 『신민사소송법』(2019), 204면.

4. 민사집행법과의 관계

가. 민사집행법상 지식재산권 관련 규정

지식재산권을 침해받았을 때, 이에 대한 판결이 선고되어 강제집행이 되기까지 많은 시간과 비용이 들기 때문에, 민사집행법상 가처분제도를 활용할 수 있다. 민사집행법은 부동산, 동산, 선박, 채권 등에 관한 강제집행절차를 각각 규정하고, "그 밖의 재산권"에 대한 강제집행은 부동산에 관한 강제집행 및 채권에 관한 강제집행을 준용하고 있다.[16]

나. 구체적 적용상의 문제점

민사집행법상 "그 밖의 재산권"에는 특허권 등 지식재산권도 해당된다. 이처럼 일괄규정을 둔 것은 재산권의 내용이 다양하고 사회경제의 발전에 따라 계속 새로운 권리가 발생할 가능성도 있으므로, 일일이 개별적 규정을 두기 어렵기 때문이다.[17] 그러나 지식재산권은 이미 기업 및 일반 국민의

---

15) 정상조·박준석, 『지식재산권법』(2019), 35면.

16) 제251조(그 밖의 재산권에 대한 집행) ①앞의 여러 조문에 규정된 재산권 외에 부동산을 목적으로 하지 아니한 재산권에 대한 강제집행은 이 관의 규정 및 제98조 내지 제101조의 규정을 준용한다. ②제3채무자가 없는 경우에 압류는 채무자에게 권리처분을 금지하는 명령을 송달한 때에 효력이 생긴다.

17) 전병서, 『민사집행법』(2019), 421면.

경제활동에서 중요한 영역을 차지하고 있고, 집행절차상 특
수성을 가지므로 특별규정을 두는 것이 바람직하다고 본다.

5. 형법과의 관계

가. 형법상 지식재산권 관련 규정

지식재산도 재산이므로 형법상 "재산에 관한 죄"의 적
용을 받을 뿐만 아니라, 특히 지식재산은 침해의 가능성이
높기 때문에 처벌에 관하여 특별한 규정을 두고 있다.

형법은 범죄와 형벌에 관한 기본법이고 지식재산권을 침
해하는 행위도 범죄를 구성하므로, 형법의 적용을 벗어날 수
없다. 범죄의 성립과 처벌에 관한 총칙(제1편) 및 구체적 범죄
행위와 처벌기준에 관한 각칙(제2편)은 지식재산권법에 특별한
규정이 없는 한 모두 원칙적으로 적용된다.

나. 구체적 적용상의 문제점

형법은 법률에 특별한 규정이 있는 경우에만 과실범을 처
벌할 수 있다고 규정하고 있는데(제14조),[18] 이는 지식재산권법
에도 그대로 적용된다.[19]

---

18) 제14조(과실) 정상의 주의를 태만함으로 인하여 죄의 성립요소
인 사실을 인식하지 못한 행위는 법률에 특별한 규정이 있는 경우
에 한하여 처벌한다.

6. 형사소송법과의 관계

가. 형사소송법상 지식재산권 관련 규정

형사소송법은 범죄의 성립과 구체적 처벌의 절차에 관하여 규정하고 있으므로, 지식재산권을 침해하는 행위가 범죄를 구성하는 한 형사소송법의 적용은 불가피하다.

나. 구체적 적용상의 문제점

① 특허법, 실용신안법, 디자인보호법, 저작권법 등은 지식재산권자의 고소를 요구하고 있어 형사소송법상 친고죄에 관한 규정(제223조20) 이하, 제246조21) 이하)이 적용된다.

② 상표법상 상표권 침해의 죄와 부정경쟁방지법 위반의 죄는 고소없이도 공소제기가 가능하여 형사소송법상 친고죄에 관한 규정이 적용되지 아니한다.22)

---

19) 정상조·박준석, 『지식재산권법』(2019), 34면.

20) 제223조(고소권자) 범죄로 인한 피해자는 고소할 수 있다. 제234조(고발) ① 누구든지 범죄가 있다고 사료하는 때에는 고발할 수 있다. ② 공무원은 그 직무를 행함에 있어 범죄가 있다고 사료하는 때에는 고발하여야 한다.

21) 제246조(국가소추주의) 공소는 검사가 제기하여 수행한다.

7. 행정법과의 관계

가. 행정법상 지식재산권 관련 규정

지식재산권 중 ① 저작권은 문화체육관광부, 특허권 등 다른 권리는 특허청에서 관리하는데, 이는 모두 행정청에 해당하고, ② 행정청의 지식재산권의 취득을 위한 출원, 심사, 등록 등은 모두 행정처분에 해당하고, ③ 지식재산권에 관한 쟁송은 행정소송법의 적용을 받으므로, 지식재산권법은 행정법과 밀접한 관계에 있다.

나. 구체적 적용상의 문제점

특허, 실용신안, 디자인, 상표 등에 관한 특허청의 처분에 대한 심결에 이의는 특허법원(2심)에 제기하고, 이에 대하여는 대법원(3심)에 상고할 수 있으므로, 심결은 다른 일반 행정심판과 달리 1심 판결과 같은 효력이 있다.

이는 특허청의 전문성을 고려한 것이라 판단되지만, 3권분립의 정신에서 보면 문제가 있다고 본다. 따라서 특허청의 심결은 행정심판의 효력만 갖게하고, 특허법원의 판결을 1심으로 하는 것이 바람직하다고 본다.

---

22) 정상조·박준석, 『지식재산권법』 (2019), 34면.

8. 상법과의 관계

가. 상법상 지식재산권 관련 규정

지식재산권의 주체는 개인인 경우도 있지만, 일반적으로 기업의 자산으로 행해지므로, ① 회사설립상 현물출자, ② 합병 또는 영업양도시 지식재산의 이전, ③ 상법상 상호보호에 관한 규정 등은 상법과 밀접한 관련이 있다.[23]

나. 구체적 적용상의 문제점

상법과 관련하여 발생할 수 있는 문제는, ① 회사설립시 특허권 등을 현물출자할 경우 그 평가문제, ② 회사가 보유하고 있는 특허권 등을 자산으로 평가하는 문제, ③ 특허권 등을 담보로 은행으로부터 대출을 받는 경우 질권 등의 설정 방법 등이 문제될 수 있다.

9. 노동법과의 관계

가. 노동법상 지식재산권 관련 규정

노동법에서 지식재산권에 관하여 구체적으로 규정하고 있

---

23) 정상조·박준석, 『지식재산권법』 (2019), 35면.

지는 않지만, 업무로서 지식재산권을 창출하는 경우 그 권리의 귀속문제가 발생한다.

최근 전세계 특허의 90%는 종업원에 의해 이루어지고 있으므로,24) 지식재산권의 형성에 기여한 노동자의 노력을 어느 정도 평가하고 어떻게 보상할 것인가 하는 것이 중요한 과제이다.

나. 구체적 적용상의 문제점

발명진흥법에 직무발명의 규정을 두고 있으며(제10조), 저작권법은 업무상 저작물에 관하여 규정하고 있다(제9조). 그리고 공무원의 경우에는 「공무원 직무발명의 처분·관리 및 보상 등에 관한 규정」(대통령령)을 두고 있다.

이들 규정의 적용에 있어서는 권리의 귀속문제뿐만 아니라, 노동자가 업무와는 별도로 지식재산권 창출을 위한 일을 하는 경우, 근로시간에 해당하는지 여부가 문제될 수 있다.

10. 공정거래법과의 관계

가. 공정거래법상 지식재산권 관련 규정

공정거래법25)은 저작권법, 특허법, 실용신안법, 디자인보호

---

24) Odaki, K., *The Right to Employee Inventions in Patent Law*(2018), 1면.
25) 이 법의 정식명칭은 「독점규제 및 공정거래에 관한 법률」이다.

법 또는 상표법에 의한 권리의 정당한 행사라고 인정되는 행위에 대하여는 적용을 배제한다(제59조).

나. 구체적 적용상의 문제점

부정경쟁방지법[26]은 공정거래의 확립을 위한 제도와 처벌규정을 두고 있다. 그리고 관세법과 불공정무역조사법은 지식재산권을 침해하는 물품이 국경을 통과하지 못하도록 규제하고 있다.

11. 국제법과의 관계

가. 국제법상 지식재산권 보호의 필요성

민법상 물권의 대상인 물건, 즉 부동산과 동산은 국제거래시 특별한 절차가 필요하지만, 지식재산권은 인터넷을 통하여 국경을 초월하여 자유롭게 거래되고 있다. 이에 따라 지식재산권은 국적을 초월한 침해의 가능성도 높다.[27]

나. 구체적 적용상의 문제점

세계무역기구(WTO)조약의 부속으로 지식재산권[28]조약[29]이

---

26) 이 법의 정식명칭은 「부정경쟁방지 및 영업비밀보호에 관한 법률」이다.

27) 최병록, 『지식재산권의 이해』(2019), 212면.

체결되어 국제적 통상문제에서 지식재산권이 중요한 문제로
제기되고 있으며,[30] 국가들 간에 무역전쟁이 일어나고 있다.

12. 국제사법과의 관계

가. 국제사법상 지식재산권 관련 규정

국제사법은 지식재산권 보호의 준거법에 관하여 그 침해
지법에 의한다(제24조)고 규정하고 있다.

나. 구체적 적용상의 문제점

현행 국제사법은 지식재산권의 국제재판관할과 준거법에
관한 기준을 기준을 제시하고자 노력하였으나, 아직 이를 해
결하지 못하고 있다.[31]

---

28) TRIPs, Trade-Related Aspects of Intellectual propererty Rights.

29) 그 배경에는 자국의 우월한 지식과 기술을 국제적 통상에서 중
요한 무기로 사용하고자 하는 선진국들의 요구가 작용하였다.

30) 정상조·박준석, 『지식재산권법』 (2019), 15면.

31) 정상조·박준석, 『지식재산권법』 (2019), 35면.

제 2 장 특허법

제 1 절 특허법의 개념

제 2 절 특허권의 주체

제 3 절 특허권의 대상

제 4 절 특허출원의 절차

제 5 절 특허권의 효력

제 6 절 특허권의 침해에 대한 구제

제1절 특허법의 개념

1. 특허법의 이념

특허법은 저작자·발명가·과학기술자와 예술가의 권리를 법률로써 보호하게 하는 헌법의 규범적 요청(제22조 제2항)에 의하여 제정된 법률이다.

따라서 특허법은 지식재산권법 중에서 발명을 보호·장려하고 그 이용을 도모함으로써 기술의 발전을 촉진하여 산업발전에 이바지함을 목적으로 한다(제1조).

2. 특허법의 개념

특허법은 헌법에서 보장하고 있는 **발명가의 권리**를 구체적으로 규정한 법이다. 발명가에게는 발명을 국가에 등록하게 하여 일정기간 독점적 권리(특허)를 부여한다. 그리고 특허제도는 발명자가 새로 개발한 유용한 발명을 속히 공개시켜 **국가의 산업발전**에도 기여하게 한다.

제2절 특허권의 주체

1. 발명자

특허를 받을 수 있는 권리는 **발명을 완성한 자**에게 인정
된다. 발명은 법률행위가 아니므로 행위능력을 요구하지 않
는다.[32]

2. 권리능력자

특허법상 명문의 규정은 없으나 특허권의 주체가 되려면
당연히 권리능력자이어야 한다.

3. 승계인

발명자 외에도 발명자로부터 그 발명을 승계받으면 발명
자를 대신하여 특허를 출원할 수 있다.[33] 여기서 승계인이라

---

[32] 미성년자나 재외자도 발명자가 될 수 있지만, 특허에 관한 절차
는 법정대리인이 하여야 한다(제3조 제1항).

함은 당사자 간의 계약이나 상속 기타 일반승계에 의하여 특허를 받을 수 있는 권리를 이전받은 자를 말하며, 자연인과 법인도 포함된다.[34]

4. 종업원의 발명

종업원의 발명에 관하여는 앞에서 본 바와 같이, 발명진흥법에서 규정하고 있다.

5. 공동발명자

2인 이상의 공동발명인 경우 공유가 되며(제33조 제2항), 전원이 공동으로 출원을 해야 특허를 받을 수 있다.

6. 선출원자

우리나라는 선출원주의를 채택하고 있으므로, 동일한 발명이 2인 이상이 경합하는 경우에 제일 먼저 출원한 자만이 특허를 받을 수 있다(제36조 제1항).

---

33) 윤선희, 『지적재산권법』 (2018), 59면.

34) 특허를 받을 수 있는 권리는 상속 기타 일반승계가 가능하다; 홍봉규, 『지적재산권법 개론』 (2019), 46면.

7. 특허를 받을 수 없는 자

특허청 및 특허심판원의 직원은 상속 또는 유증의 경우를 제외하고는 재직 중 특허를 받을 수 없다(제33조 제1항 단서). 그리고 재외자 중 외국인도 원칙적으로 특허권 또는 특허에 관한 권리를 누릴 수 없지만, 예외가 있다(제25조).

제3절 특허권의 대상

특허법상 ① 발명으로서 ② 적극적 요건에 해당하고, ③ 소극적 요건에 해당하지 아니하면 특허를 받을 수 있다(제29조 제1항).

1. 발명일 것

가. 발명의 개념

먼저 발명의 요건을 갖추어야 한다. 특허법은 발명이라 함은 "자연법칙을 이용한 기술적 사상의 창작으로서 **고도한**

것" (제2조 제1호)이라고 정의한다. 따라서 발명이라 함은 인간의 창작적 노력에 의하여 자연력을 이용함으로써 인간에게 유용성을 가지는 새로운 물건 또는 방법을 재현성 있게 제공하는 것이라고 말한다.35)

나. 발명의 성립요건

(1) 자연법칙의 이용

발명은 자연의 자연력을 유효하게 활용하고 기술적 효과가 있다는 점에 특징이 있는 것이다. 그리고 잘못된 인식을 전제로 하는 발명은 자연법칙이라 할 수 없다.36)

자연법칙이란 뉴턴의 만류인력 법칙, 에너지 보존의 법칙과 같은 자연과학적으로 명명된 법칙을 말하는 것이 아니라 **자연계에서 경험에 의해 발견되는 법칙**으로서 일정의 원인에 의하여 일정한 결과가 발생하는 경험칙도 포함한다.

(2) 기술적 사상

기술은 일정한 목적을 달성하기 위한 구체적 수단이 합목적적으로 구성되는데 있다. 또한 기술은 객관적 지식이며 타인에게 전달될 수 있어야 한다.

그리고 기술적 사상에서의 사상이라 함은 이념이나 철학

---

35) 홍봉규, 『지적재산권법 개론』 (2019), 16면.
36) 윤선희, 『지적재산권법』 (2018), 31면.

의 의미를 뜻하는 것이 아니라, **구체적인 기술의 아이디어라**
고 보아야 한다.[37)

(3) 창 작

창작이라 함은 새로이 만들어 낸 것을 말한다. 즉 주관적
이 아니라 객관적으로 새로운 것을 만들어 낸 것이어야 한
다. 타인의 창작을 도용하거나 모방 및 동일성 있는 발명은
창작이라고 할 수 없다.

(4) 고도성

고도성은 특허를 받기 위한 요건 중에 하나로서 기술수준
이 높아야 함을 말한다.

특허법의 보호대상은 실용신안법의 보호대상보다 더 고도
의 기술을 가지고 개발되어야 함을 요구 하는 것이다. 이 고
도성은 실용실안법의 고안과 구별하기 위한 것이다.

다. 발명의 종류

(1) 물건의 발명과 방법의 발명

물건의 발명이란 발명이 기계, 기구, 장치, 화학물질, 미생
물, 식품, 유전자, 동식물 등과 같은 유체물에 나타나는 발명
을 말한다.

---

37) 최덕규, 『특허법』 (1996), 37면.

방법의 발명이란 물건을 생산하는 방법과 분석방법, 측정 방법, 제어방법, 이용방법, 통신방법 등과 같이 물건의 생산이 수반되지 않는 발명을 말한다.

(2) 동물발명과 식물발명, 미생물발명

동물발명은 사람을 제외한 다세포 동물에 관한 발명을 말한다. 식물발명은 식물의 신품종 자체 또는 그 육종방법의 발명을 말한다. 미생물발명은 육안으로 식별이 곤란한 미세한 생명체에 대한 발명이다.[38]

(3) 물질발명과 용도발명

물질발명은 본래 화학방법에 의해 제조되는 물질에 관한 발명을 말한다.[39] 용도발명이란 물(物)이 갖는 어떤 특정한 용도의 새로운 발견에 기인한 발명을 말한다.[40]

(4) 컴퓨터 관련 발명

컴퓨터 관련 발명이란 컴퓨터 프로그램 관련 발명, 이와 관련된 영업방법(Business Method, BM) 발명, 방대한 양의 데이터

---

38) 이에는 미생물 자체의 발명과 미생물을 이용한 발명이 있다; 윤선희, 『지적재산권법』(2018), 37면.

39) 이는 ① 화학방법에 의해 제조될 수 있는 물질발명, ② 의약발명, ③ 음식물·기호물발명, ④ 원자핵변환방법에 의해 제조될 수 있는 물질발명 등으로 구분한다; 홍봉규, 『지적재산권법 개론』(2019), 24면.

40) 성기문, "용도발명에 관한 소고"(2001), 349면.

를 처리하는 기술과 데이터베이스, 인터넷보안기술, 멀티미디어 기술 등의 IT 관련 기술에 관한 발명을 말한다.[41]

(7) 종업원의 발명

종업원의 발명은 사용자의 업무 및 종업원의 직무와의 관계에 따라 ① 직무발명, ② 업무발명, ③ 자유발명으로 구분된다. 이 중 직무발명이 성립하기 위한 요건으로는 ① 발명이 사용자의 업무 범위에 속할 것, ② 종업원등(종업원, 법인의 임원 또는 공무원) 등이 그 직무에 관하여 한 발명일 것, ③ 발명을 하게 된 행위가 종업원 등의 현재 또는 과거의 직무에 속해야 한다.[42]

2. 적극적 요건에 해당할 것

가. 적극적 요건: 산업상 이용가능성

발명이 특허를 받기 위하여는 산업상 이용가능하여야 한다. 이는 특허제도의 궁극적 목적이 국가의 산업발전에 있기 때문이다.[43] 여기서 산업상 이용가능성은 그 즉시가 아니라 장래에 이용될 수 있으면 가능하다.[44]

---

41) 홍봉규, 『지적재산권법 개론』(2019), 30면.

42) 윤선희, 『지적재산권법』(2018), 59~67면.

43) 홍봉규, 『지적재산권법 개론』(2019), 37면.

나. 적극적 요건의 판단기준

(1) 실시 불가능한 발명

일반적으로 발명은 이에 부수하여 새로운 효과와 함께 불이익을 수반하는 경우가 있다. 이용실시의 불가능함이 있거나 안정성이 결여되어 있는 발명은 산업상 이용할 수 없다고 보아야 한다.

(2) 현실적으로 명백하게 실시할 수 없는 발명

이론상 그 발명을 실시할 수 있더라도 그 실시가 현실적으로 전혀 불가능 하다는 사실이 명백한 발명은 산업상 이용할 수 있는 발명에 해당하지 않는 것으로 취급한다.

(3) 의료행위 등

의료행위에 관한 발명은 대체로 부정되고 있다. 예컨대 인간을 수술하거나 진단하는 방법, 즉 의료행위에 대해서는 산업상 이용할 수 있는 발명에 해당하지 않는 것으로 한다. 다

---

44) 특허출원된 발명이 출원일 당시가 아니라 장래에 산업적으로 이용될 가능성이 있다 하더라도 특허법이 요구하는 산업상 이용가능성을 충족한다고 하는 법리는 해당 발명의 산업적 실시화가 장래에 있어서도 좋다는 의미일 뿐 장래 관련기술의 발전에 따라 기술적으로 보완되어 장래에 비로소 산업상 이용가능성이 생겨나는 경우까지 포함하는 것은 아니다; 대법원 2003. 3. 14. 선고 2001후2801 판결.

만 의료기기를 이용하여 인간을 수술하거나 의약품을 사용하여 인간을 치료하는 방법은 의료행위에 해당한다.

(4) 미완성 발명

발명의 과제를 해결하기 위한 구체적 수단이 결여되어 있거나 제시된 과제의 해결수단만으로는 과제의 해결이 명백하게 불가능한 경우, 즉 출원 당시 발명이 완성되지 않은 경우이다.[45]

3. 소극적 요건에 해당되지 않을 것

가. 신규성의 상실

신규성이라 함은 발명품이 이미 알려진 기존의 발명과 동일하지 아니하고 새로운 기술적 사상의 창작을 말한다.

특허법은 ① 특허출원 전에 공지된 발명, ② 공연히 실시된 발명, ③ 간행물에 게재된 발명, ④ 전기통신회선을 통하여 공중이 이용할 수 있는 발명은 특허를 받을 수 없다고 규정하여 "신규성의 상실"을 특허의 소극적 요건(결격 요건)의 하나로 보고 있다(제29조 제1항 각호).

특허출원한 발명이 소정 요건[46]을 모두 갖춘 다른 특허출원

---

45) 홍봉규, 『지적재산권법 개론』 (2019), 38~39면.

46) 1. 그 특허출원일 전에 출원된 특허출원일 것 2. 그 특허출원

의 출원서에 최초로 첨부된 **명세서 또는 도면에 기재된 발명과 동일한 경우**에 그 발명도 특허를 받을 수 없다(제29조 제3항).

그러나 그 특허출원의 발명자와 다른 특허출원의 **발명자가 같거나** 그 특허출원을 출원한 때의 출원인과 다른 특허출원의 **출원인이 같은 경우**에는 특허를 받을 수 있다(제29조 제3항 단서).

그리고 특허출원한 발명이 소정 요건[47]을 모두 갖춘 실용신안등록출원의 출원서에 최초로 첨부된 **명세서 또는 도면에 기재된 고안(考案)과 동일한 경우**에도 그 발명은 특허를 받을 수 없다(제29조 제4항 본문).

그러나 그 특허출원의 **발명자와** 실용신안등록출원의 **고안자가 같거나** 그 특허출원을 출원한 때의 출원인과 실용신안등록출원의 **출원인이 같은 경우**에는 특허를 받을 수 있다(제29조 제4항 단서).

나. 진보성의 상실

진보성이란 발명의 창작수준이 그 기술 분야에서 통상의 지식을 가진 자가 공지발명으로부터 용이하게 발명할 수 없을 정도의 난이도가 있어야 함을 말한다.

특허출원 전에 그 발명이 속하는 기술분야에서 통상의 지식

후 제64조에 따라 출원공개되거나 제87조 제3항에 따라 등록공고된 특허출원일 것.

47) 1. 그 특허출원일 전에 출원된 실용신안등록출원일 것 2. 그 특허출원 후 실용신안법 제15조에 따라 준용되는 이 법 제64조에 따라 출원공개되거나 실용신안법 제21조 제3항에 따라 등록공고된 실용신안등록출원일 것.

을 가진 사람이 **쉽게 발명할 수 있으면** 그 발명에 대해서는 특허를 받을 수 없다(제29조 제2항).

다. 특허부적합 발명

'특허부적합발명'이란 특허법상 특허를 받을 요건을 갖춘 훌륭한 발명이라고 하더라도 **산업정책상 또는 공익상의 이유**로 특허를 받지 못하는 발명을 말한다.[48]

특허법은 ① 공공의 질서 또는 선량한 풍속을 문란하게 하거나 공중의 위생을 해할 염려가 있는 발명에는 특허를 부여하지 않고(제32조), ② 국방상 필요한 경우에는 외국에 특허출원을 금지하고 있다(제41조 제1항).

제4절 특허출원의 절차

1. 출원서의 제출

가. 출원서의 기재사항과 첨부서류

특허를 받으려는 자는 **특허출원서**를 특허청장에게 제출하여

---

48) 이를 '불특허발명'(홍봉규, 『지적재산권법 개론』, (2019), 44면) 혹은 '불특허사유'(윤선희, 『지적재산권법』 (2018), 49면)라고도 한다.

야 한다(제42조 제1항).[49] 특허출원서에는 발명의 설명·청구범위를 적은 **명세서와 필요한 도면 및 요약서를 첨부**하여야 한다(제42조 제2항).

나. 도달주의

특허청에 서류를 제출하는 경우, 그 효력 발생시기에 관하여 도달주의와 발신주의가 있다. 특허법은 **원칙적으로 도달주의**를 취하고 있으며, 우편으로 서류를 제출하는 경우에는 **예외적으로 발신주의**를 택하고 있다(제28조).

다. 1건 1통주의

특허청에 제출하는 모든 서면은 **원칙적으로 1건마다 1통씩 작성**하여야 한다(규칙 제2조).

라. 분할출원 및 변경출원

① 2이상의 발명을 1특허출원으로 한 경우에 그 일부를 1이상의 특허출원으로 분할할 수 있으며(분할출원, 제52조 제1항), ② 실용신안등록출원인은 그 실용신안등록출원의 출원서에 최초로 첨부된 명세서 또는 도면에 기재된 사항의 범위에서 그 실용신안등록출원을 특허출원으로 변경할 수 있다(변경출원, 제53조 제1항).

---

49) 특허에 관한 출원·청구 등을 서면으로 작성하여 제출해야 하는 원칙을 '서면주의'라 한다.

마. 국제출원

국제출원을 하려는 자는 산업통상자원부령으로 정하는 언어로 작성한 출원서와 발명의 설명·청구범위·필요한 도면 및 요약서를 **특허청장에게 제출**하여야 한다(제193조 제1항). 그리고 특허협력조약에 따라 국제출원일이 인정된 국제출원으로서 특허를 받기 위하여 **대한민국을 지정국으로 지정한 국제출원**은 그 국제출원일에 출원된 특허출원으로 본다(제199조 제1항).[50]

2. 우선권주장제도

가. 조약에 의한 우선권주장

조약국 상호간에 있어서 어느 당사국에 특허출원한 자가 동일한 발명을 내외국인 평등의 원칙에 의해 다른 당사국에 특허출원한 경우에 그 출원일을 최초출원일로 소급하여 인정받을 수 있다(제54조).

---

50) 우리나라에서 먼저 특허출원을 한 후 이를 우선권 주장의 기초로 하여 그로부터 1년 이내에 특허협력조약(Patent Cooperation Treaty, 이하 'PCT'라 한다)이 정한 국제출원을 할 때 지정국을 우리나라로 할 수 있다. 이 경우 우선권 주장의 조건 및 효과는 우리나라의 법령이 정하는 바에 의한다[PCT 제8조 (2)(b)]; 대법원 2019. 10. 17. 선고 2016두58543 판결.

나. 국내우선권주장

우리나라에서 **특허출원 또는 실용신안등록출원을 한** 자가 선출원일로부터 1년 이내에 이를 포함하는 개량발명에 대하여 국내우선권주장출원(후출원)을 하는 때에는 후출원발명 중 선출원의 출원서에 **최초로 첨부된 명세서** 등에 기재된 발명에 대한 특허요건 등의 판단에 있어서 선출원의 출원시에 특허출원한 것으로 본다.

3. 보정제도

보정제도는 특허출원의 내용이나 형식에 흠결이 있거나 불비인 경우에 기재된 사항의 범위 내에서 이를 명료하게 정정·보완할 수 있게 하며, 적법하게 한 경우에는 그 효력을 출원시까지 소급하여 인정해 주는 제도이다.

4. 출원공개 및 정보공개제도

가. 출원공개제도

특허청장은 출원일로부터 1년 6개월이 지난 후 또는 그 전이라도 특허출원인이 신청한 경우에는 산업통상자원부령으로 정하는 바에 따라 그 특허출원에 관하여 특허공보에 게재하여 출원공개를 하여야 한다(제64조 제1항).

나. 정보제공제도

특허출원에 관하여 누구든지 그 특허출원이 거절이유에 해당하여 특허될 수 없다는 취지의 정보를 증거와 함께 특허청장에게 제공할 수 있다(제63조의2).

5. 특허심사제도

가. 심사주의 및 직권주의

특허출원의 특허여부를 결정하는 방식에는 ① 심사주의와 ② 무심사주의가 있는데, 우리나라는 심사주의를 채택하고 있다. 그리고 심판절차의 진행과 심리의 주도권을 심사관·심판관에게 주로 부여하는 직권주의(직권탐지주의)를 취하고 있다.

나. 심사청구제도

특허청은 특허출원이 있다고 하여 무조건 심사하는 것은 아니고, 별도로 심사청구를 하는 때에만 심사한다(제59조 제1항). 심사청구는 특허출원일로부터 3년 이내에, 누구든지 할 수 있다(제59조 제2항). 심사청구의 대상은 특허청에 적법하게 계속 중인 출원이어야 한다.

6. 특허쟁송제도

가. 특허심판제도

(1) 특허심판의 의의

특허심판은 심사관의 결정에 불복하거나 특허권에 관한 분쟁이 있을 때 그 해결방법으로서 채택된 제도이다.

(2) 특허심판의 종류

특허심판에는 ① 특허거절결정 등에 대한 심판(제132조 의17), ② 특허의 무효심판(제133조 제1항), ③ 특허권 존속기간의 연장등록의 무효심판(제134조 제1항), ④ 권리범위 확인 심판(제135조 제1항), ⑤ 정정심판(제136조 제1항), ⑥ 정정의 무효 심판(제137조 제1항), ⑦ 통상실시권 허락의 심판(제138조 제1항) 등이 있다.

(3) 특허심판의 청구

심판을 청구하고자 하는 자는 **심판청구서를 특허심판원장에게 제출**하여야 한다(제140조 제1항).

(4) 심판의 종료

특허심판은 ① 심판청구의 취하와 ② 심결에 의하여 종료된다.

(5) 심결의 효력

(가) 심결의 각속력(대세적 효력)

심결은 심판당사자뿐만 아니라 제3자 및 법원에게도 대세적으로 효력을 미치며,51) 특허등록 후 정정·특허무효·정정무효 등의 심판은 소급효가 있다(제133조).

(나) 일사부재리효력

이 법에 따른 심판의 심결이 확정되었을 때에는 그 사건에 대해서는 누구든지 **동일 사실 및 동일 증거**에 의하여 다시 심판을 청구할 수 없다(제163조).

(다) 심결의 확정력·기속력

유효하게 확정된 심결은 재심사유가 없는 한 소멸 또는 변경되지 아니한다.

---

51) 윤선희, 『지적재산권법』 (2018), 162면.

나. 특허소송제도

(1) 특허소송의 종류

특허소송은 ① 특허청장의 경정이나 무효처분 등에 불복하는 경우에 행정법원에 제기하는 **일반 행정소송소송**, ② 특허심판원이 행한 심판청구서나 재심청구서의 각하결정 또는 심결에 대한 당부를 특허법원에서 다투는 **특허소송**, ③ 특허권에 관한 민사적 분쟁의 해결을 위하여 특허권자 등이 침해자를 상대로 제기하는 침해금지·예방청구·손해배상청구·신용회복청구 또는 부당이득반환청구 등 **민사소송**, ④ 특허권 등에 대한 침해행위가 있는 경우에 특허권자 등이 당해 특허권 등을 침해한 자를 상대로 형사처벌을 요구하는 **형사소소송** 등으로 나누어 진다.

(2) 특허소송의 제소기간

특허소송은 심결 또는 결정등본을 송달받은 날부터 30일 이내에 제기하여야 한다(제186조 제3항). 이 기간은 불변기간이다.

(3) 상 고

특허법원의 판결에 불복이 있을 때에는, 판결이 송달된 날부터 **2주일 이내**에 상고장을 특허법원에 제출함으로써(민소 제425조, 제396조, 제397조) 대법원에 상고 할 수 있다(제186조 제8항).52)

제5절 특허권의 효력

1. 특허권의 특성

특허권은 ① 실체가 없으므로 관념적이며 추상적이며, ② 독점적으로 실시할 기간이 정해져 있고, ③ 공익 및 산업정책상의 이유로 권리행사에 일정한 제한을 받는 특성을 가진다.

2. 특허권의 효력

가. 적극적 효력

특허권자는 **업으로서 그 특허발명을 실시할 권리**(전용실시권)를 독점할 권리를 가진다.

나. 소극적 효력

특허권자는 제3자가 정당한 권원없이 그 특허발명의 보호범위 내에서 업으로서 특허발명을 실시하는 것을 금지시킬 수 있다.

---

52) 상고의 남발을 제한하기 위한 「상고심절차에 관한 특례법」이 특허소송에도 적용되므로, 특허법원 판결에 대하여 일정한 경우 대법원은 심리를 하지 아니하고 판결로 상고를 기각할 수 있다.

3. 효력의 제한

가. 제한 사유

특허권은 국방상 또는 공익상 필요한 경우 등에는 강제실시권, 법정실시권 등의 설정으로 법률상의 제한을 받는다.

나. 적극적 효력의 제한

특허권에 관하여 **전용실시권이 설정된 때에는** 전용실시권자가 그 특허발명을 실시할 권리를 독점하는 범위 내에서 특허권자의 실시가 제한된다.

다. 소극적 효력의 제한

특허권자는 **정당한 권원을 가지는 제3자**에 대하여 권리를 주장할 수 없다(제96조).

4. 특허권의 존속기간

특허권은 원칙적으로 설정등록이 있는 날로부터 **특허출원일후 20년이 되는 날까지**이다(제88조 제1항).

5. 속지주의

우리나라도 대부분의 국가와 같이, 속지주의 원칙을 채택하고 있으므로, 특허법은 **우리나라 영역 내에서만** 효력이 있다.

제6절 특허권의 침해에 대한 구제

1. 침해의 종류

가. 직접침해

특허권자 이외의 자가 정당한 권한없이 특허발명을 업으로서 실시하는 행위를 말하며,[53] 보호범위에 속하는 발명의 구성요소를 포함하고 있는 침해제품을 무단으로 제조·판매하는 등의 침해행위를 한 경우를 말한다.

나. 간접침해

간접침해란 침해의 전단계로서 침해의 개연성이 있는 경

---

53) 윤선희, 『지적재산권법』 (2018), 129면.

우 법률상 침해로 간주해주는 것으로, ① **물건발명**에 관하여는 특허발명 물건의 생산에만 사용하는 물건을 생산·양도·대여 또는 수입하거나 그 물건의 양도 또는 대여의 청약을 하는 행위를 업으로서 하는 것이고, ② **방법발명**에 관하여는 특허발명 방법의 실시에만 사용하는 물건을 생산·양도·대여 또는 수입하거나 그 물건의 양도 또는 대여의 청약을 하는 행위를 업으로서 하는 것이다(제127조).

2. 침해행위의 위법성 추정

가. 과실의 추정

과실이라 함은 자기의 행위로부터 일정한 결과가 발생할 것을 인식했어야 함에도 불구하고 부주의로 인식 못하고 그 행위를 하는 것을 말한다. 특허권을 침해한 자는 그 침해행위에 대하여 과실이 있는 것으로 추정한다(제130조).

나. 입증책임의 전환

방법특허권자에게 입증책임을 지우게 하는 것은 지나친 부담이라는 지적이 있어, 신규의 동일물은 동일한 방법에 의하여 생산된 것으로 추정한다는 규정을 두어 입증책임을 전환하였다(제129조).

3. 특허권침해에 대한 구제

가. 민사적 구제

(1) 침해금지·예방청구권

특허권자 또는 전용실시권자는 자기의 권리를 침해한 자 또는 침해할 우려가 있는 자에 대하여 그 침해의 **금지 또는 예방**을 청구할 수 있다(제126조 제1항).

(2) 손해배상청구권

특허권자 또는 전용실시권자는 고의 또는 과실에 의해 자기의 권리를 침해한 자에 대해 **손해의 배상**을 청구할 수 있다(제128조 제1항).

(3) 신용회복청구권

고의 또는 과실에 의하여 특허권 등을 침해하여 특허권자 등의 업무상의 신용을 실추하게 한 자에 대하여는 손해배상에 갈음하거나 **손해배상과 함께 업무상의 신용회복**을 위하여 필요한 조치를 청구할 수 있다(제131조).

(4) 부당이득반환청구권

고의나 과실이 없어서 특허법상 손해배상청구권이 인정되지 아니하는 경우에도 침해로 취한 **부당이득**에 대하여는 반환을 청구할 수 있다(민 제741조).

나. 형사적 구제

(1) 침해죄

고의에 의하여 특허권이 침해된 때에는 고소를 통하여 침해자에게 형사벌을 부과할 수 있으며, 특허권 또는 전용실시권을 침해한 자는 7년 이하의 징역 또는 1억원 이하의 벌금에 처한다(제225조 제1항).

(2) 비밀누설죄 등

특허청 또는 특허심판원 소속 직원이거나 직원이었던 사람이 특허출원 중인 발명(국제출원 중인 발명을 포함한다)에 관하여 직무상 알게 된 비밀을 누설하거나 도용한 경우에는 5년 이하의 징역 또는 5천만원 이하의 벌금에 처한다(제226조).

(3) 위증죄

이 법에 따라 선서한 증인, 감정인 또는 통역인이 특허심판원에 대하여 거짓으로 진술·감정 또는 통역을 한 경우에는 5년 이하의 징역 또는 5천만원 이하의 벌금에 처한다(제227조 제1항).

(4) 허위표시의 죄

제224조를 위반한 자는 3년 이하의 징역 또는 3천만원 이하의 벌금에 처한다(제228조).

(5) 거짓행위의 죄

거짓이나 그 밖의 부정한 행위로 특허, 특허권의 존속기간의 연장등록, 특허취소신청에 대한 결정 또는 심결을 받은 자는 3년 이하의 징역 또는 3천만원 이하의 벌금에 처한다(제229조).

(6) 비밀유지명령 위반죄

국내외에서 정당한 사유 없이 제224조의3 제1항에 따른 비밀유지명령을 위반한 자는 5년 이하의 징역 또는 5천만원 이하의 벌금에 처한다(제229조의2 제1항).54)

(7) 양벌규정

법인의 대표자, 법인 또는 개인의 대리인, 사용자 기타 종업원이 그 법인 또는 개인의 업무에 관하여 침해행위, 허위표시 행위 또는 사해행위를 한때에는 행위자를 벌하는 외에 그 법인 또는 개인에 대하여도 벌금형을 과한다(제230조).

(8) 몰 수

침해행위를 조성한 물건 또는 그 침해행위로부터 생긴 물건은 이를 몰수하거나 피해자의 청구에 의하여 그 물건을 피해자에게 교부할 것을 선고하여야 한다(제231조 제1항).

---

54) 이 죄도 침해죄처럼 고소가 있어야 처벌할 수 있으므로(제229조의 2 제2항) 친고죄이다.

제3장 실용신안법

제1절 실용신안법의 개념

제2절 실용신안권의 주체

제3절 실용신안권의 대상

제4절 실용신안출원의 절차

제5절 실용신안권의 효력

제6절 실용신안권의 침해에 대한 구제

제1절 실용신안법의 개념

1. 실용신안의 개념

실용신안이란 이미 발명된 것을 개량해서 보다 편리하고 유용하게 쓸 수 있도록 물품의 형상, 구조 또는 이들의 조합을 통하여 **새로이 고안55)한** 것을 말한다.

앞에서 본 바와 같이, '발명'이 "자연법칙을 이용한 기술적 사상의 창작으로서 고도한 것"(특 제2조 제1호)이라 정의하고 있는 것과 비교하면, 양자 모두 "자연법칙을 이용한 기술적 사상의 창작"인 점은 동일하고, '고도한 것'의 여부에 차이점이 있다.56) 그리고 **실용신안등록을 받은 고안을** '등록실용신안'이라 한다(제2조 제2호).

2. 실용신안법의 개념

실용신안법은 실용적인 고안을 보호·장려하고 그 이용을 도모함으로써 기술의 발전을 촉진하여 산업발전에 이바지함을 목적으로 한다(제1조). 위에서 설명한 바와 같이, 발명과 고

---

55) '고안'은 "자연법칙을 이용한 기술적 사상의 창작"이다(제2조 제1호).

56) 이 점에서 특허는 '대발명', 실용신안은 '소발명'이라 부르기도 한다: 홍봉규, 『지적재산권법 개론』(2019), 115면.

안은 모두 "자연법칙을 이용한 기술적 사상의 창작" 인 점은 동일하므로, 영미법계에서는 따로 실용신안법을 제정하지 않고 특허법 내에 규정하고 있다.57) 따라서 특허의 요건을 충족하는 경우에는58) ① 특허만 출원하거나 ② 실용신안만 출원하는 방법, ③ 둘 다 출원하는 방법 등 모두 가능하다.59)

제2절 실용신안권의 주체

실용신안권의 주체에 관하여는 모두 특허법을 준용하므로, 여기서 설명은 생략한다.

제3절 실용신안권의 대상

1. 물품에 관한 고안일 것

산업상 이용할 수 있는 "물품의 형상·구조 또는 조합에 관한 고안" 이어야 한다(제4조 제1항).60)

---

57) 이러한 측면에서 보면, 실용신안법은 "낮은 수준의 특허법", 특허법은 "높은 수준의 실용신안법"이라 부를 수도 있다.

58) 특허의 요건을 충족하면, 실용신안의 요건은 자동적으로 충족한다고 보아야 할 것이다.

59) 그리고 실용신안의 요건만 충족하는 경우에는 특허는 출원할 수 없고, 실용신안만 출원할 수 있다.

앞에서 설명한 바와 같이, 고안은 발명과 같이 고도의 수준을 요구하지 않지만, 극히 쉽게 고안할 수 있는 것은 뒤에서 보는 바와 같이 소극적 요건에 해당할 수 있다.

2. 적극적 요건을 갖출 것

물품의 형상·구조 또는 조합에 관한 고안이면서 "산업상 이용"할 수 있어야 한다(제4조 제1항).

3. 소극적 요건에 해당하지 않을 것

다음의 어느 하나에 해당하는 것은 실용신안등록을 받을 수 없다(제4조 제1항).

① 실용신안등록출원 전에 국내 또는 국외에서 공지(公知)되었거나 공연(公然)히 실시된 고안
② 실용신안등록출원 전에 국내 또는 국외에서 반포된 간행물에 게재되었거나 전기통신회선을 통하여 공중(公衆)이 이용할 수 있는 고안.

그리고 실용신안등록출원 전에 그 고안이 속하는 기술분야에서 통상의 지식을 가진 사람이 위 어느 하나에 해당하는

---

60) 실용신안권의 대상은 '물품'에 한정하므로, 방법에 관한 고안 또는 화학물질에 관한 고안은 해당되지 않는다.

고안에 의하여 **극히 쉽게 고안**할 수 있으면 그 고안에 대해서도 실용신안등록을 받을 수 없다(제4조 제2항). 그리고 실용신안등록출원한 고안이 소정의 요건을 모두 갖춘 다른 실용신안등록출원의 출원서에 최초로 첨부된 명세서 또는 도면에 기재된 고안과 **동일한 경우**에 그 고안도 실용신안등록을 받을 수 없다(제4조 제3항).61) 다음의 어느 하나에 해당하는 고안에 대해서는 실용신안등록을 받을 수 없다(제6조).

① 국기 또는 훈장과 동일하거나 유사한 고안
② 공공의 질서 또는 선량한 풍속에 어긋나거나 공중의 위생을 해칠 우려가 있는 고안.

제4절 실용신안출원의 절차

1. 특허법의 준용

실용신안출원의 절차에 관한 내용은 대부분 특허법을 준용하고 있으므로, 특허출원의 절차와 대동소이하다. 다만, ① 권리의 존속기간, ② 심사청구기간, ③ 심사순위, ④ 수수료 등에서 차이가 있다.62)

---

61) 다만, 그 실용신안등록출원의 고안자와 다른 실용신안등록출원의 고안자가 같거나 그 실용신안등록출원을 출원한 때의 출원인과 다른 실용신안등록출원의 출원인이 같은 경우에는 실용신안등록을 받을 수 있다(제4조 제3항 단서).

62) 이하에서는 특허출원의 절차와 상이한 점을 중심으로 설명하였다.

2. 실용신안등록출원

가. 실용신안등록출원서의 제출

실용신안등록을 받으려는 자는 실용신안등록출원서를 **특허청장에게 제출**하여야 한다(제8조 제1항). 실용신안등록출원서에는 고안의 설명, 청구범위를 적은 **명세서와 도면 및 요약서를 첨부**하여야 한다(제8조 제2항).

나. 실용신안등록출원일 등

실용신안등록출원일은 명세서 및 도면을 첨부한 실용신안등록출원서가 **특허청장에게 도달한 날**로 하며, 명세서에 청구범위는 적지 아니할 수 있으나, 고안의 설명은 적어야 한다(제8조의2 제1항).

실용신안등록출원인이 명세서 및 도면을 국어가 아닌 산업통상자원부령으로 정하는 언어로 적겠다는 취지를 실용신안등록출원을 할 때 실용신안등록출원서에 적은 경우에는 그 언어로 적을 수 있다(제8조의3 제1항).

다. 하나의 실용신안등록출원의 범위

실용신안등록출원은 원칙적으로 하나의 고안마다 하나의 실용신안등록출원으로 하지만, 하나의 총괄적 고안의 개념을 형성하는 일 군(群)의 고안에 대하여 하나의 실용신안등록출원으로 할 수 있다(제9조 제1항).

라. 변경출원

특허출원인은 그 특허출원의 출원서에 **최초로 첨부된 명세서 또는 도면에 기재된 사항의 범위에서** 그 특허출원을 실용신안등록출원으로 변경할 수 있다(제10조 제1항).

마. 선출원주의

동일한 고안에 대하여 **다른 날에 둘 이상의 실용신안등록출원이 있는 경우**에는 먼저 실용신안등록출원한 자만이 그 고안에 대하여 실용신안등록을 받을 수 있다(제7조 제1항).

동일한 고안에 대하여 **같은 날에 둘 이상의 실용신안등록출원이 있는 경우**에는 실용신안등록출원인 간에 협의하여[63] 정한 하나의 실용신안등록출원인만이 그 고안에 대하여 실용신안등록을 받을 수 있다(제7조 제2항).[64]

바. 국제출원에 의한 실용신안등록출원

특허협력조약에 따라 국제출원일이 인정된 국제출원으로서 실용신안등록을 받기 위하여 **대한민국을 지정국으로 지정한 국제출원**은 그 국제출원일에 출원된 실용신안등록출원으로 본다(제34조 제1항).

---

63) 협의가 성립하지 아니하거나 협의를 할 수 없는 경우에는 어느 실용신안등록출원인도 그 고안에 대하여 실용신안등록을 받을 수 없다(제7조 제2항 단서).

64) 이는 실용신안등록출원된 고안과 특허출원된 발명이 동일한 경우에도 준용한다(제7조 제3항).

3. 심 사

가. 실용신안등록출원심사의 청구

실용신안등록출원에 대하여 **심사청구가 있을 때에만** 이를 심사한다(제12조 제1항). 그러나 출원심사의 청구는 한번 하면 취하할 수는 없다(제12조 제4항). 누구든지 실용신안등록출원에 대하여 실용신안등록출원일부터 **3년 이내에** 특허청장에게 출원심사의 청구를 할 수 있다(제12조 제2항).65)

나. 실용신안등록거절결정

심사관은 실용신안등록출원이 거절이유에 해당하는 경우에는 **실용신안등록거절결정**을 하여야 한다(제13조).

다. 특허법의 준용

기타 실용신안등록출원의 심사·결정에 관하여는 특허법을 준용하므로, 여기서 설명은 생략한다.

---

65) 일정한 사유에 해당하면, 3년이 지난 후에도 출원심사의 청구를 할 수 있다(제12조 제3항).

4. 실용신안권의 설정등록

가. 실용신안등록결정

심사관은 실용신안출원에 대하여 **거절이유를 발견할 수 없으면** 실용신안등록결정을 하여야 한다(제15조, 특 제66조).

나. 등록료 및 수수료

실용신안권의 설정등록을 받으려는 자는 설정등록을 받으려는 날부터 **3년분의 등록료**를 내야 하고, 실용신안권자는 그 다음 해부터의 등록료를 해당 권리의 설정등록일에 해당하는 날을 기준으로 매년 1년분씩 내야 한다(제16조 제1항). 그리고 실용신안등록에 관한 절차를 밟는 자는 **수수료**를 내야 한다(제17조 제1항).

다. 실용신안등록취소신청

누구든지 실용신안권의 설정등록일부터 등록공고일 후 6개월이 되는 날까지 그 실용신안등록이 ① 제4조[66])에 위반되거나 ② 제7조 제1항부터 제3항까지의 규정에 위반된 경우에는 특허심판원장에게 실용신안등록취소신청을 할 수 있다.[67])

---

66) 같은 조 제1항 제1호에 해당하는 경우와 같은 호에 해당하는 고안에 의하여 극히 쉽게 고안할 수 있는 경우는 제외한다.

제5절 실용신안권의 효력

1. 효력발생시기

특허청장은 실용신안등록결정을 받은 출원인이 등록료를 납부한 때에는 실용신안권을 설정하기 위한 등록을 하여야 하며(제21조 제2항), 실용신안권은 **설정등록**에 의하여 발생한다(제21조 제1항).

2. 실용신안권의 존속기간

실용신안권의 존속기간은 실용신안권을 설정등록한 날부터 실용신안등록출원일 후 **10년이 되는 날까지**로 한다(제22조 제1항).

3. 실용신안권의 효력

실용신안권자는 업(業)으로서 등록실용신안을 실시할 권리를 독점한다(제23조).68)

---

67) 이 경우 청구범위의 청구항이 둘 이상인 경우에는 청구항마다 실용신안등록취소신청을 할 수 있다(제30조의2 제1항).

4. 효력이 미치지 아니하는 범위

실용신안권의 효력은 연구 또는 시험 등69)에 해당하는 사항에는 미치지 아니한다(제24조).

5. 등록무효심판 등

가. 실용신안등록의 무효심판

이해관계인 또는 심사관은 실용신안등록이 무효사유에 해당하는 경우에는 무효심판을 청구할 수 있다(제31조 제1항).70) 실용신안등록을 **무효로 한다는 심결이 확정된** 경우에는 그 실용신안권은 처음부터 없었던 것으로 본다(제31조 제3항 본문). 그러나 위 ②에 따라 실용신안등록을 무효로 한다는 심결이 확정된 경우에는 실용신안권은 그 실용신안등록이 같은 호에

---

68) '실시'란 고안에 관한 물품을 생산·사용·양도·대여 또는 수입하거나 그 물품의 양도 또는 대여의 청약을 하는 행위를 말한다(제2조 제3호).

69) ① 연구 또는 시험을 하기 위한 등록실용신안의 실시, ② 국내를 통과하는데 불과한 선박·항공기·차량 또는 이에 사용되는 기계·기구·장치 그 밖의 물건, ③ 실용신안등록출원시부터 국내에 있는 물건.

70) 심판은 실용신안권이 소멸된 후에도 청구할 수 있다(제31조 제2항).

해당하게 된 때부터 없었던 것으로 본다(제31조 제3항 단서).

나. 실용신안권의 존속기간의 연장등록의 무효심판

이해관계인 또는 심사관은 실용신안권의 존속기간의 연장등록이 소정사유[71])에 해당하는 경우에는 무효심판을 청구할 수 있다(제31조의2 제1항).[72]

다. 통상실시권 허락의 심판

실용신안권자, 전용실시권자 또는 통상실시권자는 해당 등록실용신안이 실시의 허락을 받으려는 경우에 그 타인이 정당한 이유 없이 허락하지 아니하거나 그 타인의 허락을 받을 수 없을 때에는 **자기의 등록실용신안의 실시에 필요한 범위에서** 통상실시권 허락의 심판을 청구할 수 있다(제32조 제1항).

---

71) ① 연장등록에 따라 연장된 기간이 제22조의2에 따라 인정되는 연장의 기간을 초과한 경우, ② 해당 실용신안권자가 아닌 자의 출원에 대하여 연장등록이 된 경우, ③ 제22조의3 제3항을 위반한 출원에 대하여 연장등록이 된 경우.

72) 연장등록을 무효로 한다는 심결이 확정된 경우에는 그 연장등록에 따른 존속기간의 연장은 처음부터 없었던 것으로 본다(제31조의2 제3항 본문).

제6절 실용신안권의 침해에 대한 구제

1. 침해로 보는 행위

등록실용신안에 관한 물품의 생산에만 사용하는 물건을 ① 업으로서 생산·양도·대여 또는 수입하거나 ② 업으로서 그 물건의 양도 또는 대여의 청약을 하는 행위는 실용신안권 또는 전용실시권을 침해한 것으로 본다(제29조).

2. 민사적 구제

특허법인 준용되므로, 실용신안권자는 특허법상 ① 침해금지·예방청구권(제126조 제1항), ② 손해배상청구권(제128조 제1항), ③ 신용회복청구권(제131조) 등을 가지며, 민법상 부당이득반환청구권(민 제741조)도 가진다.

3. 형사적 구제

가. 침해죄

실용신안권 또는 전용실시권을 침해한 자는 7년 이하의 징역 또는 1억원 이하의 벌금에 처한다(제45조 제1항).[73]

나. 비밀누설죄 등

특허청 또는 특허심판원 소속 직원이거나 직원이었던 사람이 실용신안등록출원 중인 고안(국제출원 중인 고안을 포함한다)에 관하여 직무상 알게 된 비밀을 누설하거나 도용한 경우에는 5년 이하의 징역 또는 5천만원 이하의 벌금에 처한다(제46조).

다. 위증죄

민사소송법에 따라 선서한 **증인, 감정인 또는 통역인**이 특허심판원에 대하여 거짓으로 진술·감정 또는 통역을 한 경우에는 5년 이하의 징역 또는 5천만원 이하의 벌금에 처한다 (제47조 제1항).

라. 허위표시의 죄

특허법 제224조 제1호부터 제3호까지의 규정을 위반한 자는

---

73) 이는 고소가 없으면 공소(公訴)를 제기할 수 없다(제45조 제2항).

3년 이하의 징역 또는 3천만원 이하의 벌금에 처한다(제48조).

마. 거짓행위의 죄

거짓이나 그 밖의 부정한 행위로 실용신안등록, 실용신안권의 존속기간의 연장등록, 실용신안등록취소신청에 대한 결정 또는 심결을 받은 자는 3년 이하의 징역 또는 3천만원 이하의 벌금에 처한다(제49조).

바. 비밀유지명령 위반죄

국내외에서 정당한 사유 없이 비밀유지명령을 위반한 자는 5년 이하의 징역 또는 5천만원 이하의 벌금에 처한다(제49조의2 제1항). 이 죄는 비밀유지명령을 신청한 자의 고소가 없으면 공소를 제기할 수 없다(제49조의2 제2항).

사. 양벌규정

법인의 대표자나 법인 또는 개인의 대리인, 사용인, 그 밖의 종업원이 그 법인 또는 개인의 업무에 관하여 제45조 제1항, 제48조 또는 제49조의 어느 하나에 해당하는 위반행위를 하면 그 **행위자**를 벌하는 외에 그 **법인**에는 벌금형을, 그 **개인**에게는 해당 조문의 벌금형을 과(科)한다(제50조 본문).

제4장 디자인보호법

제1절 디자인보호법의 개념

제2절 디자인권의 주체

제3절 디자인권의 대상

제4절 디자인출원의 절차

제5절 디자인권의 효력

제6절 디자인권의 침해에 대한 구제

제1절 디자인보호법의 개념

1. 디자인의 개념

디자인보호법상 '디자인' 이란 **물품의 형상·모양·색채 또는 이들을 결합한 것으로서** 시각을 통하여 미감(美感)을 일으키게 하는 것을 말한다(제2조 제1호).

일반적으로 디자인' 이란 용어는 계획, 설계, 도안 등의 분야에서 다양하게 사용되고 있지만, 디자인보호법상의 디자인 개념과는 다른다.[74]

2. 디자인보호법의 개념

디자인보호법은 디자인의 보호와 이용을 도모함으로써 디자인의 창작을 장려하여 산업발전에 이바지함을 목적으로 한다(제1조).

---

74) 도시계획디자인이나 건축디자인 등은 디자인보호법상의 디자인에 해당되지 않는다; 윤선희, 『디자인보호법』 (2018), 16면.

제2절 디자인권의 주체

1. 디자인을 창작한 사람 또는 그 승계인

디자인을 창작한 사람 또는 그 승계인은 이 법에서 정하는 바에 따라 디자인등록을 받을 수 있는 권리를 가진다(제3조 제1항). 2명 이상이 공동으로 디자인을 창작한 경우에는 디자인등록을 받을 수 있는 권리를 공유(共有)한다(제3조 제2항).

다만, 특허청 또는 특허심판원 직원은 상속 또는 유증(遺贈)의 경우를 제외하고는 재직 중 디자인등록을 받을 수 없다(제3조 제1항 단서).

2. 행위능력자 여부

미성년자·피한정후견인 또는 피성년후견인은 법정대리인에 의하지 아니하면 디자인등록에 관한 출원·청구, 그 밖의 절차를 밟을 수 없다(제4조 제1항).[75] 법인이 아닌 사단 또는 재단으로서 대표자 또는 관리인이 정하여져 있는 경우에는 그 사단 또는 재단의 이름으로 디자인일부심사등록 이의신청인,

---

75) 다만, 미성년자와 피한정후견인이 독립하여 법률행위를 할 수 있는 경우에는 그러하지 아니하다(제4조 제1항 단서).

심판의 청구인·피청구인 또는 재심의 청구인·피청구인이 될 수 있다(제5조).

3. 재외자

국내에 주소 또는 영업소가 없는 자(재외자, 법인인 경우에는 그 대표자)는 국내에 체류하는 경우를 제외하고는 그 재외자의 디자인에 관한 **대리인**으로서 국내에 주소 또는 영업소가 있는 자(디자인관리인)에 의하지 아니하면 디자인에 관한 절차를 밟거나 행정청이 한 처분에 대하여 소(訴)를 제기할 수 없다(제6조 제1항).[76]

4. 디자인관리인

디자인관리인은 위임된 권한의 범위에서 디자인에 관한 절차 및 행정청이 한 처분에 관한 소송에서 본인을 대리한다(제6조 제2항).

5. 외국인

재외자인 외국인은 원칙적으로 디자인권 또는 디자인에 관한 권리를 누릴 수 없지만, 예외가 있다(제27조).

---

76) 재외자의 디자인권 또는 디자인에 관한 권리에 관하여 디자인관리인이 있으면 그 디자인관리인의 주소 또는 영업소를, 디자인관리인이 없으면 특허청 소재지를 재산이 있는 곳으로 본다(제15조).

제3절 디자인권의 대상

1. 디자인일 것

가. 디자인의 개념

'디자인' 이란 물품[77]의 형상·모양·색채 또는 이들을 결합한 것으로서 **시각을 통하여 미감(美感)을 일으키게 하는 것**을 말한다(제2조 제1호).[78]

그리고 '글자체' 란 기록이나 표시 또는 인쇄 등에 사용하기 위하여 공통적인 특징을 가진 형태로 만들어진 한 벌의 글자꼴(숫자, 문장부호 및 기호 등의 형태를 포함한다)을 말한다(제2조 제2호).

나. 관련디자인

디자인권자 또는 디자인등록출원인은 자기의 등록디자인 또

---

77) 물품의 부분 및 글자체를 포함한다. 그러나 제42조(한 벌의 물품의 디자인)은 부분은 인정되지 않는다.

78) 최근 물품성 요건을 완화하자는 주장이 있는데, 이는 디자인의 보호대상을 확대하게 되고 그 결과 공중의 이용은 제한되게 된다. 이에 대하여는 디자인 창작의 장려와 공중의 이용도모를 고려한 신중한 검토가 요망된다; 이용민, "디자인 성립요건으로서의 '물품성'에 대한 논의"(2019), 16면.

는 디자인등록출원한 디자인(기본디자인)과만 유사한 디자인(관련디자인)에 대하여는 그 기본디자인의 디자인등록출원일부터 1년 이내에 디자인등록출원된 경우에 한하여 관련디자인으로 디자인등록을 받을 수 있다(제35조 제1항).[79] 그리고 기본디자인의 디자인권에 **전용실시권이 설정되어 있는 경우**에는 그 기본디자인에 관한 관련디자인에 대하여는 디자인등록을 받을 수 없다(제35조 제3항).

2. 적극적 요건을 갖출 것

"**공업상 이용**" 할 수 있어야 한다(제33조 제1항).

3. 소극적 요건에 해당할 것

가. 신규성의 상실

디자인이더라도 다음의 어느 하나에 해당하는 것에 대하여는 디자인등록을 받을 수 없다(제33조 제1항).

① 디자인등록출원 전에 국내 또는 국외에서 공지(公知)되었거나 공연(公然)히 실시된 디자인
② 디자인등록출원 전에 국내 또는 국외에서 반포된 간행물에

---

79) 이 규정에 따라 디자인등록을 받은 관련디자인 또는 디자인등록출원된 관련디자인과만 유사한 디자인은 디자인등록을 받을 수 없다(제35조 제2항).

게재되었거나 전기통신회선을 통하여 공중(公衆)이 이용할 수 있게 된 디자인

③ 위 ① 또는 ②에 해당하는 디자인과 유사한 디자인.

그러나 이에는 예외가 있다. 디자인등록을 받을 수 있는 권리를 가진 자의 디자인이 위 ① 또는 ②에 해당하게 된 경우 그 디자인은 그날부터 **12개월 이내에 그 자가 디자인등록 출원한 디자인**에 대하여는 신규성을 상실하지 않은 것으로 본다. 다만, 그 디자인이 조약이나 법률에 따라 국내 또는 국외에서 출원공개 또는 등록공고된 경우에는 예외를 인정해 주지 않는다(제36조 제1항).

나. 창작성의 상실

디자인등록출원 전에 그 디자인이 속하는 분야에서 통상의 지식을 가진 사람이 다음의 어느 하나에 따라 **쉽게 창작할 수 있는 디자인**은 디자인등록을 받을 수 없다(제33조 제2항). 이 기준은 특허법상 발명의 진보성의 판단기준과는 다르다.[80]

① 위 ① 또는 ②에 해당하는 디자인 또는 이들의 결합
② 국내 또는 국외에서 널리 알려진 형상·모양·색채 또는 이들의 결합.

---

80) 디자인은 진보적 가치라기 보다는 신규 또는 종래 물품으로부터 새로운 심미감이 발휘되는지 여부에 초점을 맞추어야 한다; 김웅, "미니멀 디자인의 용이창작 판단"(2019), 132면.

다. 공공성의 침해

다음의 어느 하나에 해당하는 디자인에 대하여는 디자인 등록을 받을 수 없다(제34조).

① 국기, 국장(國章), 군기(軍旗), 훈장, 포장, 기장(記章), 그 밖의 공 공기관 등의 표장과 외국의 국기, 국장 또는 국제기관 등의 문자나 표지와 동일하거나 유사한 디자인
② 디자인이 주는 의미나 내용 등이 일반인의 통상적인 도덕관 념이나 선량한 풍속에 어긋나거나 공공질서를 해칠 우려가 있는 디자인
③ 타인의 업무와 관련된 물품과 혼동을 가져올 우려가 있는 디 자인
④ 물품의 기능을 확보하는 데에 불가결한 형상만으로 된 디자인.

제4절 디자인출원의 절차

1. 디자인등록의 출원

가. 디자인등록출원서의 제출

디자인등록을 받으려는 자는 디자인등록출원서를 **특허청 장에게 제출**하여야 한다(제37조 제1항). 디자인등록출원서에는 각 디자인에 관한 **도면을 첨부**하여야 한다(제37조 제2항).

나. 국제출원의 방법

「산업디자인의 국제등록에 관한 헤이그협정」(헤이그협정) 제1조(ⅵ)에 따른 국제등록을 위하여 출원을 하려는 자는 **특허청을 통하여** 헤이그협정 제1조(ⅶ)에 따른 국제출원을 할 수 있다(제173조). 특허청을 통한 국제출원을 하려는 자는 국제출원서 및 그 출원에 필요한 서류를 특허청장에게 제출하여야 한다(제175조 제1항).

다. 도달주의

디자인등록출원일은 원칙적으로 디자인등록출원서가 **특허청장에게 도달한 날**로 하지만, 예외가 있다(제38조 제1항 본문 및 단서).

라. 공동출원

디자인등록을 받을 수 있는 권리가 **공유인 경우**에는 공유자 모두가 공동으로 디자인등록출원을 하여야 한다(제39조).

마. 1디자인 1디자인등록출원

디자인등록출원은 원칙적으로 1디자인마다 1디자인등록출원으로 한다(제40조 제1항). 그러나 산업통상자원부령으로 정하는 물품류 구분에서 **같은 물품류에 속하는 물품**에 대하여는 100

이내의 디자인을 1디자인등록출원으로 할 수 있으며, 이 경우에는 1디자인마다 분리하여 표현하여야 한다(제41조).

바. 한 벌의 물품의 디자인

2 이상의 물품이 한 벌의 물품으로 동시에 사용되는 경우 그 한 벌의 물품의 디자인이 **한 벌 전체로서 통일성이 있을 때에는 1디자인으로** 디자인등록을 받을 수 있다(제42조 제1항).

사. 비밀디자인

디자인등록출원인은 디자인권의 설정등록일부터 **3년 이내의 기간**을 정하여 그 디자인을 비밀로 할 것을 청구할 수 있다.[81]

아. 정당한 권리자의 보호

디자인 창작자가 아닌 자로서 디자인등록을 받을 수 있는 권리의 승계인이 아닌 자(무권리자)가 한 디자인등록출원에 대하여 디자인등록거절결정 또는 거절한다는 취지의 심결이 확정된 경우에는 그 무권리자의 디자인등록출원 후에 한 **정당한 권리자의 디자인등록출원**은 무권리자가 디자인등록출원한 때에 디자인등록출원한 것으로 본다.[82]

---

81) 이 경우 복수디자인등록출원된 디자인에 대하여는 출원된 디자인의 전부 또는 일부에 대하여 청구할 수 있다(제43조 제1항).

82) 다만, 디자인등록거절결정 또는 거절한다는 취지의 심결이 확정

무권리자라는 사유로 디자인등록에 대한 취소결정 또는 무효심결이 확정된 경우에는 그 디자인등록출원 후에 한 **정당한 권리자의 디자인등록출원**은 취소 또는 무효로 된 그 등록디자인의 디자인등록출원 시에 디자인등록출원을 한 것으로 본다.[83]

자. 선출원주의

동일하거나 유사한 디자인에 대하여 다른 날에 2 이상의 디자인등록출원이 있는 경우에는 **먼저 디자인등록출원한 자**만이 그 디자인에 관하여 디자인등록을 받을 수 있다(제46조 제1항).

차. 조약에 따른 우선권 주장

조약에 따라 대한민국 국민에게 출원에 대한 우선권을 인정하는 당사국의 국민이 그 당사국 또는 다른 당사국에 출원한 후 동일한 디자인을 대한민국에 디자인등록출원하여 우선권을 주장하는 경우에는 **그 당사국 또는 다른 당사국에 출원한 날을 대한민국에 디자인등록출원한 날로 본다**(제51조 제1항).

된 날부터 30일이 지난 후에 정당한 권리자가 디자인등록출원을 한 경우에는 그러하지 아니하다(제44조).

83) 다만, 취소결정 또는 무효심결이 확정된 날부터 30일이 지난 후에 디자인등록출원을 한 경우에는 그러하지 아니하다(제45조).

2. 절차의 보정

가. 보정명령 대상

특허청장 또는 특허심판원장은 디자인에 관한 절차가 보정사유에 해당하는 때에는 기간을 정하여 디자인에 관한 절차를 밟는 자에게 보정을 명하여야 한다(제47조).

나. 출원인의 보정

디자인등록출원인은 **최초의 디자인등록출원의 요지를 변경하지 아니하는 범위에서** 디자인등록출원서의 기재사항, 디자인등록출원서에 첨부한 도면, 도면의 기재사항이나 사진 또는 견본을 보정할 수 있다(제48조 제1항).

다. 출원의 분할

보정을 할 수 있는 기간에 **디자인등록출원의 일부를 1 이상의 새로운 디자인등록출원으로 분할하여** 디자인등록출원을 할 수 있다(제50조 제1항 및 제3항).

3. 출원공개 등

가. 디자인등록출원인의 공개신청

디자인등록출원인은 산업통상자원부령으로 정하는 바에 따라 자기의 디자인등록출원에 대한 **공개를 신청할 수 있다.** 이 경우 복수디자인등록출원에 대한 공개는 출원된 디자인의 전부 또는 일부에 대하여 신청할 수 있다(제52조 제1항).[84]

디자인등록출원인은 출원공개가 있은 후 그 디자인등록출원된 디자인 또는 이와 유사한 디자인을 업(業)으로서 실시한 자에게 디자인등록출원된 디자인임을 **서면으로 경고**할 수 있다(제53조 제1항).

나. 정보 제공

누구든지 디자인등록출원된 디자인이 제62조 제1항 각 호의 어느 하나에 해당되어 디자인등록될 수 없다는 취지의 정보를 증거와 함께 특허청장 또는 특허심판원장에게 제공할 수 있다(제55조).

---

84) 특허법은 모든 출원에 대하여 공개를 강제하고 있으나, 디자인은 출원을 공개할 경우 타인이 쉽게 모방할 수 있는 난점이 있어 출원인이 신청하는 경우에 한하여 선택적으로 공개하고 있다; 윤선희, 『디자인보호법』(2018), 133면.

다. 거절결정된 출원의 공보게재

특허청장은 제46조 제2항 후단에 따라 제62조에 따른 디자인등록거절결정이나 거절한다는 취지의 심결이 확정된 경우에는 그 디자인등록출원에 관한 사항을 디자인공보에 게재하여야 한다.[85]

4. 심 사

가. 심사관에 의한 심사

특허청장은 심사관에게 디자인등록출원 및 디자인일부심사등록 이의신청을 심사하게 한다(제58조 제1항).

나. 전문기관에 대한 의뢰

특허청장은 디자인등록출원을 심사할 때에 필요하다고 인정하면 **전문기관을 지정**하여 선행디자인의 조사 등의 업무를 의뢰할 수 있다(제59조 제1항).

---

85) 다만, 디자인등록출원된 디자인이 제34조 제2호에 해당하는 경우에는 게재하지 아니할 수 있다(제56조).

다. 우선심사

특허청장은 소정 디자인등록출원에 대하여는 심사관에게 다른 디자인등록출원에 우선하여 심사하게 할 수 있다(제61조 제1항).

라. 심사의 중지

심사관은 디자인등록출원의 심사에 필요한 경우에는 심결이 확정될 때까지 또는 소송절차가 완결될 때까지 그 절차를 중지할 수 있다(제77조 제1항).

5. 디자인등록거절결정

가. 디자인심사등록출원에 대한 거절결정

심사관은 **디자인심사등록출원**이 소정 사유에 해당하는 경우에는 디자인등록거절결정을 하여야 한다(제62조 제1항).

나. 디자인일부심사등록출원에 대한 거절결정

심사관은 **디자인일부심사등록출원**이 소정 사유에 해당하는 경우에는 디자인등록거절결정을 하여야 한다(제62조 제2항).

다. 관련디자인심사등록출원에 대한 거절결정

심사관은 디자인일부심사등록출원으로서 **관련디자인등록출원**이 소정 사유에 해당하는 경우에는 디자인등록거절결정을 하여야 한다(제62조 제3항).

라. 재심사의 청구

디자인등록출원인은 그 디자인등록출원에 관하여 디자인등록거절결정 등본을 송달받은 날부터 30일 이내에 보정을 하여 디자인등록출원에 대하여 재심사를 청구할 수 있다(제64조 제1항).

6. 디자인등록결정

가. 디자인등록결정의 요건

심사관은 디자인등록출원에 대하여 거절이유를 발견할 수 없을 때에는 **디자인등록결정**을 하여야 하며, 복수디자인등록출원된 디자인 중 일부 디자인에 대하여 거절이유를 발견할 수 없을 때에는 그 **일부 디자인**에 대하여 디자인등록결정을 하여야 한다(제65조).

나. 직권보정

심사관은 디자인등록결정을 할 때에 디자인등록출원서 또는 도면에 적힌 사항이 명백히 잘못된 경우에는 직권으로 보정(직권보정)을 할 수 있다(제66조 제1항).

다. 디자인등록여부결정의 방식

디자인등록여부결정은 **서면**으로 하여야 하며 그 **이유**를 붙여야 한다(제67조 제1항). 특허청장은 디자인등록여부결정을 한 경우에는 그 결정의 등본을 디자인등록출원인에게 **송달**하여야 한다(제67조 제2항).

7. 디자인등록절차

가. 디자인등록료

디자인권의 설정등록을 받으려는 자는 설정등록을 받으려는 날부터 **3년분의 디자인등록료**(등록료)를 내야 하며, 디자인권자는 그 다음 해부터의 등록료를 그 권리의 설정등록일에 해당하는 날을 기준으로 매년 1년분씩 내야 한다(제79조 제1항).

나. 디자인등록원부

특허청장은 특허청에 디자인등록원부를 갖추어 두고 다음의 사항을 등록한다(제88조 제1항).86)

① 디자인권의 설정·이전·소멸·회복 또는 처분의 제한
② 전용실시권 또는 통상실시권의 설정·보존·이전·변경·소멸 또는 처분의 제한
③ 디자인권·전용실시권 또는 통상실시권을 목적으로 하는 질권의 설정·이전·변경·소멸 또는 처분의 제한.

다. 디자인등록증의 발급

특허청장은 디자인권의 설정등록을 하였을 때에는 산업통상자원부령으로 정하는 바에 따라 디자인권자에게 **디자인등록증을 발급**하여야 한다(제88조 제1항).

8. 디자인등록 관련 심판 및 소송절차

가. 심결절차

(1) 심판의 종류

디자인 보호법에 규정하고 있는 심판의 종류는 다음과 같다.

---

86) 디자인등록원부는 그 전부 또는 일부를 전자적 기록매체 등으로 작성할 수 있다(제88조 제2항).

① 보정각하결정에 대한 심판(제119조)
② 디자인등록거절결정 또는 디자인등록취소결정에 대한 심판(제120조)
③ 디자인등록의 무효심판(제121조)
④ 권리범위 확인심판(제122조)
⑤ 통상실시권 허락의 심판(제123조).

(2) 심판의 성격

심결에 대한 소는 **특허법원**에 제기할 수 있고(제166조 제1항), 특허법원의 판결에 대하여는 **대법원**에 상고할 수 있으므로(제166조 제8항), 심판은 제1심 판결의 성격을 가진다.

(3) 심판청구방식

심판을 청구하려는 자는 심판청구서를 **특허심판원장에게 제출**하여야 한다(제126조 및 제127조). 특허심판원장은 심판이 청구되면 **심판관**에게 심판하게 한다(제130조 제1항).

나. 재심절차

(1) 재심청구기간

당사자는 확정된 심결에 대하여 재심을 청구할 수 있다(제158조 제1항). 당사자는 심결 확정 후 재심사유를 안 날부터 **30일 이내**에 재심을 청구하여야 한다(제160조 제1항). 심결 확정 후

3년이 지나면 재심을 청구할 수 없다.

(2) 재심에 의한 권리변경의 효력

(가) 재심에 의한 권리변경

재심에 의하여 다음과 같이 권리가 변경된 경우를 말한다 (제161조 제1항).

① 무효가 된 디자인권[87]이 재심에 의하여 회복된 경우
② 디자인권의 권리범위에 속하지 아니한다는 심결이 확정된 후 재심에 의하여 그 심결과 상반되는 심결이 확정된 경우
③ 거절한다는 취지의 심결이 있었던 디자인등록출원에 대하여 재심에 의하여 디자인권이 설정등록된 경우.

(나) 선의자에 대한 효력 배제

재심에 의하여 권리가 변경된 경우의 디자인권의 **효력은 다음의 어느 하나의 행위에 미치지 아니한다**(제161조 제2항).

① 해당 심결이 확정된 후 재심청구 등록 전에 **선의로** 수입 또는 국내에서 생산하거나 취득한 물품(제161조 제1항).
② 해당 심결이 확정된 후 재심청구 등록 전에 한 해당 디자인의 **선의의** 실시(제161조 제2항 제1호) 등.

---

87) 디자인등록취소결정에 대한 심판에 의하여 취소가 확정된 디자인권을 포함한다.

(다) 선사용자의 보호

재심에 의하여 권리가 변경된 경우에 해당 심결이 확정된 후 재심청구 등록 전에 **국내에서 선의로 그 디자인의 실시사업을 하고 있는 자 또는 그 사업을 준비하고 있는 자는** 실시하고 있거나 준비하고 있는 디자인 및 사업의 목적 범위에서 그 디자인권에 관하여 통상실시권을 가진다(제162조).

다. 소송절차

(1) 소송관할

심결에 대한 소와 제124조 제1항(제164조에서 준용하는 경우를 포함한다)에 따라 준용되는 제49조 제1항에 따른 각하결정 및 심판청구나 재심청구의 각하결정에 대한 소는 **특허법원의 전속관할**로 한다(제166조 제1항). 특허법원의 판결에 대하여는 **대법원에** 상고할 수 있다(제166조 제8항).

(2) 제소기간

소는 심결 또는 결정의 등본을 송달받은 날부터 30일 이내에 제기하여야 한다(제166조 제3항). 이 기간은 불변기간으로 한다(제166조 제4항).

(3) 피고적격

소는 **특허청장을 피고로 하여** 제기하여야 하지만, 제121조

제1항, 제122조, 제123조 제1항 및 제2항에 따른 심판 또는 그 재심의 심결에 대한 소는 그 **청구인 또는 피청구인을 피고**로 하여 제기하여야 한다(제167조).

제5절 디자인권의 효력

1. 디자인권의 내용

가. 실시권

(1) 독점적 실시권

디자인권자는 업으로서 등록디자인 또는 이와 유사한 디자인을 **실시88)할 권리**를 독점한다(제92조 본문).

(2) 등록디자인의 보호범위

등록디자인의 보호범위는 ① 디자인등록출원서의 기재사항 및 ② 그 출원서에 첨부된 도면·사진 또는 ③ 견본과 도

---

88) '실시'란 디자인에 관한 물품을 생산·사용·양도·대여·수출 또는 수입하거나 그 물품을 양도 또는 대여하기 위하여 청약(양도나 대여를 위한 전시를 포함한다)하는 행위를 말한다(제2조 제7호).

면에 적힌 디자인의 설명에 따라 **표현된 디자인**에 의하여 정하여진다(제93조). 디자인권의 효력은 다음의 어느 하나에 해당하는 사항에는 미치지 아니한다(제94조 제1항).

① 연구 또는 시험을 하기 위한 등록디자인 또는 이와 유사한 디자인의 실시
② 국내를 통과하는 데에 불과한 선박·항공기·차량 또는 이에 사용되는 기계·기구·장치, 그 밖의 물건
③ 디자인등록출원 시부터 국내에 있던 물건.

글자체가 디자인권으로 설정등록된 경우 그 디자인권의 효력은 다음의 어느 하나에 해당하는 경우에는 미치지 아니한다(제94조 제2항).

① 타자·조판 또는 인쇄 등의 통상적인 과정에서 글자체를 사용하는 경우
② 위 ①에 따른 글자체의 사용으로 생산된 결과물인 경우.

(3) 타인의 등록디자인 등과의 관계

디자인권자·전용실시권자 또는 통상실시권자는 다음의 경우에는, 그 디자인권자·특허권자·실용신안권자 또는 상표권자의 **허락을 받지 아니하거나 제123조에 따르지 아니하고는** 자기의 등록디자인을 업으로서 실시할 수 없다(제95조 제1항).

① 등록디자인이 그 디자인등록출원일 전에 출원된 타인의 등록디자인 또는 이와 유사한 디자인·특허발명·등록실용신안

또는 등록상표를 이용하는 경우

② 디자인권이 그 디자인권의 디자인등록출원일 전에 출원된 타인의 특허권·실용신안권 또는 상표권과 저촉되는 경우.

디자인권자·전용실시권자 또는 통상실시권자는 다음의 경우에는 그 디자인권자·특허권자·실용신안권자 또는 상표권자의 **허락을 받지 아니하거나 제123조에 따르지 아니하고는** 자기의 등록디자인과 유사한 디자인을 업으로서 실시할 수 없다(제95조 제2항).

① 그 등록디자인과 유사한 디자인이 그 디자인등록출원일 전에 출원된 타인의 등록디자인 또는 이와 유사한 디자인·특허발명·등록실용신안 또는 등록상표를 이용하는 경우

② 그 디자인권의 등록디자인과 유사한 디자인이 디자인등록출원일 전에 출원된 타인의 디자인권·특허권·실용신안권 또는 상표권과 저촉되는 경우.

또한 디자인권자·전용실시권자 또는 통상실시권자는 다음의 경우에는 **저작권자의 허락을 받지 아니하고는** 자기의 등록디자인 또는 이와 유사한 디자인을 업으로서 실시할 수 없다(제95조 제3항).

① 등록디자인 또는 이와 유사한 디자인이 그 디자인등록출원일 전에 발생한 타인의 저작물을 이용하는 경우

② 그 저작권에 저촉되는 경우.

나. 전용실시권

(1) 전용실시권의 설정

디자인권자는 그 디자인권에 대하여 **타인에게 전용실시권을 설정**할 수 있다(제97조 제1항 본문). 기본디자인의 디자인권과 **관련디자인**의 디자인권에 대한 전용실시권은 같은 자에게 동시에 설정하여야 한다(제97조 제1항 단서).

(2) 전용실시권의 범위

전용실시권을 설정받은 전용실시권자는 그 **설정행위로 정한 범위**에서 그 등록디자인 또는 이와 유사한 디자인을 업으로서 실시할 권리를 독점한다(제97조 제2항).

(3) 전용실시권의 이전

전용실시권자는 실시사업(實施事業)과 같이 이전하는 경우 또는 상속이나 그 밖의 일반승계의 경우를 제외하고는 디자인권자의 동의를 받지 아니하면 그 전용실시권을 **이전할 수 없다**(제97조 제3항).

전용실시권자는 디자인권자의 동의를 받지 아니하면 그 전용실시권을 목적으로 하는 **질권을 설정하거나 통상실시권을 허락**할 수 없다(제97조 제4항).

다. 통상실시권

(1) 계약에 의한 통상실시권

디자인권자는 그 디자인권에 대하여 **타인에게 통상실시권을 허락**할 수 있다(제99조 제1항). 통상실시권자는 이 법에 따라 또는 **설정행위로 정한 범위**에서 그 등록디자인 또는 이와 유사한 디자인을 업으로서 실시할 수 있는 권리를 가진다(제99조 제2항).

제123조에 따른 통상실시권은 ① 그 통상실시권자의 해당 디자인권·전용실시권 또는 통상실시권과 **함께 이전되고**, ② 해당 디자인권·전용실시권 또는 통상실시권이 소멸되면 **함께 소멸된다**(제99조 제3항).

그 외의 **통상실시권**은 실시사업과 같이 이전하는 경우 또는 상속이나 그 밖의 일반승계의 경우를 제외하고는 디자인권자89)의 동의를 받지 아니하면 ① 이전하거나 ② 그 통상실시권을 목적으로 하는 질권을 설정할 수 **없다**(제99조 제4항 및 제5항).

(2) 선사용자의 통상실시권

디자인등록출원 시에 그 디자인등록출원된 디자인의 내용을 알지 못하고 그 디자인을 창작하거나 그 디자인을 창작한 사람으로부터 알게 되어 **국내에서 그 등록디자인 또는 이와 유사한 디자인의 실시사업을 하거나 그 사업의 준비를 하고**

---

89) 전용실시권자로부터 통상실시권을 허락받은 경우에는 디자인권자 및 전용실시권자를 말한다.

있는 자는 그 실시 또는 준비를 하고 있는 디자인 및 사업의 목적 범위에서 그 디자인등록출원된 디자인의 디자인권에 대하여 통상실시권을 가진다(제100조).

(3) 선출원자의 통상실시권

타인의 디자인권이 설정등록되는 때에 그 디자인등록출원된 디자인의 내용을 알지 못하고 그 디자인을 창작하거나 그 디자인을 창작한 사람으로부터 알게 되어 **국내에서 그 디자인 또는 이와 유사한 디자인의 실시사업을 하거나 그 사업의 준비를 하고 있는 자**(제100조에 해당하는 자는 제외한다)는 소정 요건을 갖춘 경우에 한정하여 그 실시 또는 준비를 하고 있는 디자인 및 사업의 목적 범위에서 그 디자인권에 대하여 통상실시권을 가진다(제101조).

(4) 선의의 사용자의 통상실시권

다음의 어느 하나에 해당하는 자가 디자인등록에 대한 무효심판청구의 등록 전에 자기의 등록디자인이 무효사유에 해당하는 것을 알지 못하고 **국내에서 그 디자인 또는 이와 유사한 디자인의 실시사업을 하거나 그 사업의 준비를 하고 있는 경우**에는 그 실시 또는 준비를 하고 있는 디자인 및 사업의 목적 범위에서 그 디자인권에 대하여 통상실시권을 가진다(제102조 제1항).

① 동일하거나 유사한 디자인에 대한 2 이상의 등록디자인 중 그 하나의 디자인등록을 무효로 한 경우의 원(原)디자인권자
② 디자인등록을 무효로 하고 동일하거나 유사한 디자인에 관하여 정당한 권리자에게 디자인등록을 한 경우의 원디자인권자.

(5) 존속기간 만료 후의 통상실시권

등록디자인과 유사한 디자인이 그 디자인등록출원일 전 또는 디자인등록출원일과 같은 날에 출원되어 등록된 디자인권(원디자인권)과 저촉되는 경우 원디자인권의 존속기간이 만료되는 때에는 **원디자인권자**는 ① 원디자인권의 범위에서 그 디자인권에 대하여 통상실시권을 가지거나 ② 원디자인권의 존속기간 만료 당시 존재하는 그 디자인권의 전용실시권에 대하여 통상실시권을 가진다(제103조 제1항).

(6) 질권설정전 실시자의 통상실시권

디자인권자는 **디자인권을 목적으로 하는 질권설정 전에 그 등록디자인 또는 이와 유사한 디자인을 실시하고 있는 경우에는** 그 디자인권이 경매 등에 의하여 이전되더라도 그 디자인권에 대하여 통상실시권을 가진다(제110조).

2. 디자인권의 효력발생

가. 디자인권의 설정등록

디자인권은 **설정등록**에 의하여 발생한다(제90조 제1항). 특허청장은 ① 등록료 납부의무자가 등록료를 납부하였거나 ② 보전하였을 때, ③ 등록료를 면제받았을 때에는 디자인권을 설정하기 위한 등록을 하여야 한다(제90조 제2항). 그리고 특허청장은 등록한 경우에는 디자인권자의 성명 등을 **디자인공보**에

게재하여 등록공고를 하여야 한다(제90조 제2항).

통상실시권을 등록한 경우에는 그 등록 후에 디자인권 또는 전용실시권을 취득한 자에 대하여도 그 효력이 발생한다(제104조 제1항). 통상실시권의 이전·변경·소멸 또는는 처분의 제한, 통상실시권을 목적으로 하는 질권의 설정·이전·변경·소멸 또는 처분의 제한은 등록하지 아니하면 제3자에게 대항할 수 없다(제104조 제3항).

나. 디자인권의 존속기간

디자인권은 설정등록한 날부터 발생하여 디자인등록출원일 후 **20년이 되는 날까지** 존속한다(제91조 제1항 본문).

다. 디자인권의 이전 등

디자인권은 원칙적으로 자유롭게 이전할 수 있지만(제96조 제1항 본문), 일정한 제한이 있다. 그리고 복수디자인등록된 디자인권은 각 디자인권마다 분리하여 이전할 수 있다(제96조 제5항).

3. 디자인권의 공유관계

가. 공유자의 자유로운 사용

디자인권이 공유인 경우에는 각 공유자는 계약으로 특별히 약정한 경우를 제외하고는 **다른 공유자의 동의를 받지 아**

니하고 그 등록디자인 또는 이와 유사한 디자인을 단독으로
실시할 수 있다(제96조 제3항).

나. 이전 또는 질권설정

디자인권이 공유인 경우에 각 공유자는 **다른 공유자의 동
의를 받지 아니하면** 그 지분을 이전하거나 그 지분을 목적으
로 하는 질권을 설정할 수 없다(제96조 제2항).

다. 타인에 대한 전용실시권 또는 통상실시권

디자인권이 공유인 경우에는 각 공유자는 **다른 공유자의
동의를 받지 아니하면** 그 디자인권에 대하여 전용실시권을
설정하거나 통상실시권을 허락할 수 없다(제96조 제4항).

4. 디자인권의 포기와 소멸

가. 디자인권의 포기

디자인권자는 디자인권을 포기할 수 있다. 이 경우 복수디
자인등록된 디자인권은 각 디자인권마다 분리하여 포기할 수
있다(제105조). 디자인권 · 전용실시권 및 통상실시권을 포기하
였을 때에는 디자인권 · 전용실시권 및 통상실시권은 그때부

터 효력이 소멸된다(제107조).

나. 디자인권의 소멸

디자인권의 상속이 개시되었으나 상속인이 없는 경우에는 그 디자인권은 소멸된다(제111조).

제6절 디자인권의 침해에 대한 구제

1. 침해로 보는 행위

등록디자인이나 이와 유사한 디자인에 관한 물품의 생산에만 사용하는 물품을 업으로서 생산·양도·대여·수출 또는 수입하거나 업으로서 그 물품의 양도 또는 대여의 청약을 하는 행위는 그 디자인권 또는 전용실시권을 침해한 것으로 본다(제114조).

2. 민사적 구제

가. 권리침해에 대한 금지청구권 등

디자인권자 또는 전용실시권자는 자기의 권리를 침해한 자 또는 침해할 우려가 있는 자에 대하여 그 **침해의 금지 또는 예방을 청구**할 수 있다(제113조 제1항).

비밀로 할 것을 청구한 디자인의 디자인권자 및 전용실시권자는(제43조 제1항) 산업통상자원부령으로 정하는 바에 따라 그 디자인에 관한 해당 사항에 대하여 특허청장으로부터 증명을 받은 서면을 제시하여 경고한 후가 아니면 위 청구를 할 수 없다(제113조 제2항).

디자인권자 또는 전용실시권자는 위 청구를 할 때에는 침해행위를 조성한 물품의 폐기, 침해행위에 제공된 설비의 제거, 그 밖에 침해의 예방에 필요한 행위를 청구할 수 있다(제113조 제3항).

나. 손해배상청구권

(1) 손해액의 추정 등

디자인권자 또는 전용실시권자는 고의나 과실로 인하여

자기의 디자인권 또는 전용실시권을 침해한 자에 대하여 그 침해에 의하여 자기가 입은 손해의 배상을 청구하는 경우 그 권리를 침해한 자가 그 침해행위를 하게 한 물건을 양도하였을 때에는 그 물건의 양도수량에 **디자인권자 또는 전용실시권자가 그 침해행위가 없었다면 판매할 수 있었던 물건의 단위수량당 이익액을 곱한 금액**을 디자인권자 또는 전용실시권자가 입은 손해액으로 할 수 있다(제115조 제1항).

손해액을 산정하는 경우 손해액은 디자인권자 또는 전용실시권자가 생산할 수 있었던 물건의 수량에서 **실제 판매한 물건의 수량을 뺀 수량에 단위수량당 이익액을 곱한 금액**을 한도로 한다.

(2) 과실의 추정

타인의 디자인권 또는 전용실시권을 침해한 자는 그 침해행위에 대하여 과실이 있는 것으로 추정한다. 그러나 비밀디자인으로 설정등록된 디자인권 또는 전용실시권(제43조 제1항)의 침해에 대하여는 그러하지 아니하다(제116조 제1항).

디자인일부심사등록디자인의 디자인권자·전용실시권자 또는 통상실시권자가 그 등록디자인 또는 이와 유사한 디자인과 관련하여 타인의 디자인권 또는 전용실시권을 침해한 경우에는 위 규정을 준용한다(제116조 제2항).

(3) 서류의 제출

법원은 디자인권 또는 전용실시권의 침해에 관한 소송에서 당사자의 신청에 의하여 **해당 침해행위로 인한 손해를 계산**

하는 데에 필요한 서류를 제출하도록 다른 당사자에게 명할 수 있다. 그러나 그 서류의 소지자가 그 서류의 제출을 거절할 **정당한 이유**가 있을 때에는 그러하지 아니하다(제118조).

다. 디자인권자 등의 신용회복

법원은 고의나 과실로 디자인권 또는 전용실시권을 침해함으로써 디자인권자 또는 전용실시권자의 업무상 신용을 떨어뜨린 자에 대하여는 디자인권자 또는 전용실시권자의 청구에 의하여 **손해배상을 갈음하여 또는 손해배상과 함께** 디자인권자 또는 전용실시권자의 **업무상 신용회복을 위하여 필요한 조치**를 명할 수 있다(제117조).

라. 비밀유지명령

법원은 디자인권 또는 전용실시권의 침해에 관한 소송에서 당사자가 보유한 영업비밀에 대하여 소정 사유를 소명한 경우에는 그 당사자의 신청에 의하여 결정으로 다른 당사자(법인인 경우에는 그 대표자), 당사자를 위하여 소송을 대리하는 자, 그 밖에 그 소송으로 인하여 영업비밀을 알게 된 자에게 그 영업비밀을 **그 소송의 계속적인 수행 외의 목적으로 사용하거나** 그 영업비밀에 관계된 이 항에 따른 명령을 받은 자 외의 자에게 **공개하지 아니할 것을 명할 수 있다**(제217조 제1항 본문).

3. 형사적 구제

가. 침해죄

디자인권 또는 전용실시권을 침해한 자는 7년 이하의 징역 또는 1억원 이하의 벌금에 처한다(제220조 제1항). 이 죄는 고소가 없으면 공소를 제기할 수 없다(제220조 제2항).

나. 위증죄

이 법에 따라 선서한 증인, 감정인 또는 통역인이 특허심판원에 대하여 거짓의 진술·감정 또는 통역을 한 경우에는 5년 이하의 징역 또는 5천만원 이하의 벌금에 처한다(제221조 제1항).

다. 허위표시의 죄

제215조를 위반한 자는 3년 이하의 징역 또는 3천만원 이하의 벌금에 처한다(제222조).

라. 거짓행위의 죄

거짓이나 그 밖의 부정한 행위로써 디자인등록 또는 심결을 받은 자는 3년 이하의 징역 또는 3천만원 이하의 벌금에 처한다(제223조).

마. 비밀유지명령위반죄

국내외에서 정당한 사유 없이 비밀유지명령을 위반한 자는 5년 이하의 징역 또는 5천만원 이하의 벌금에 처한다(제224조 제1항).

이 죄는 비밀유지명령을 신청한 자의 고소가 없으면 공소를 제기할 수 없다(제224조 제2항).

바. 비밀누설죄 등

특허청 또는 특허심판원 직원이나 그 직원으로 재직하였던 사람이 디자인등록출원 중인 디자인에 관하여 직무상 알게 된 비밀을 누설하거나 도용한 경우에는 5년 이하의 징역 또는 5천만원 이하의 벌금에 처한다(제225조 제1항).

사. 공무원 의제

전문기관 또는 디자인문서 전자화기관의 임직원이나 임직원으로 재직하였던 사람은 위 비밀누설죄를 적용할 때에 특허청 직원 또는 그 직원으로 재직하였던 사람으로 본다(제226조).

아. 양벌규정

 법인의 대표자나 법인 또는 개인의 대리인, 사용인, 그 밖의 종업원이 그 법인 또는 개인의 업무에 관하여 제220조 제1항, 제222조 또는 제223조의 어느 하나에 해당하는 위반행위를 하면 그 **행위자**를 벌하는 외에 그 **법인**에는 벌금형을, 그 **개인**에게는 해당 조문의 벌금형을 과(科)한다.

자. 몰수 등

 침해행위를 조성한 물건 또는 그 침해행위로부터 생긴 물건은 몰수하거나 피해자의 청구에 의하여 피해자에게 교부할 것을 선고하여야 한다(제228조 제1항).

제 5 장 상표법

제 1 절 상표법의 개념

제 2 절 상표권의 주체

제 3 절 상표권의 대상

제 4 절 상표출원의 절차

제 5 절 상표권의 효력

제 6 절 상표권의 침해에 대한 구제

제1절 상표법의 개념

1. 상표의 개념

상표법은 '상표'란 자기의 상품[90]과 타인의 상품을 식별하기 위하여 사용하는 **표장(標章)**[91]이라고 정의한다(제2조 제1항 제1호).

2. 상표법의 개념

상표법은 상표를 보호함으로써 상표 사용자의 업무상 신용 유지를 도모하여 산업발전에 이바지하고 수요자의 이익을 보호함을 목적으로 한다(제1조).

이처럼 상표법은 공정한 경쟁질서의 유지를 목적으로 하므로, 경쟁법의 성격을 가지며 '부정경쟁방지법'과 밀접한 관련이 있다.[92]

---

90) 지리적 표시가 사용되는 상품의 경우를 제외하고는 서비스 또는 서비스의 제공에 관련된 물건을 포함한다.

91) '표장'이란 기호, 문자, 도형, 소리, 냄새, 입체적 형상, 홀로그램·동작 또는 색채 등으로서 그 구성이나 표현방식에 상관없이 상품의 출처(出處)를 나타내기 위하여 사용하는 모든 표시를 말한다(제2조 제1항 제2호).

제2절 상표권의 주체

1. 상표등록을 받을 수 있는 자

국내에서 상표를 사용하는 자 또는 사용하려는 자는 자기의 상표를 등록받을 수 있지만, **특허청 직원과 특허심판원 직원**은 상속 또는 유증(遺贈)의 경우를 제외하고는 재직 중에 상표를 등록받을 수 없다(제3조 제1항).

상품을 생산·제조·가공·판매하거나 서비스를 제공하는 자가 **공동으로 설립한 법인**[93]은 자기의 단체표장을 등록받을 수 있다(제3조 제2항).

상품의 품질, 원산지, 생산방법 또는 그 밖의 특성을 증명하고 관리하는 것을 업으로 할 수 있는 자는 **타인의 상품**에 대하여 그 상품이 정해진 품질, 원산지, 생산방법 또는 그 밖의 특성을 충족하는 것을 증명하는 데 사용하기 위해서만 증명표장을 등록받을 수 있지만, **자기의 영업에 관한 상품**에 사용하려

---

92) 조영선, 『지적재산권법』 (2019), 385면.

93) 지리적 표시 단체표장의 경우에는 그 지리적 표시를 사용할 수 있는 상품을 생산·제조 또는 가공하는 자로 구성된 법인으로 한정한다.

는 경우에는 증명표장의 등록을 받을 수 없다(제3조 제3항).

상표·단체표장 또는 업무표장을 출원(出願)하거나 등록을 받은 자는 그 상표 등과 **동일·유사한 표장**을 증명표장으로 등록받을 수 없다(제3조 제4항).

2. 미성년자 등

미성년자·피한정후견인94) 또는 피성년후견인은 **법정대리인**에 의해서만 상표등록에 관한 출원·청구, 그 밖의 절차(상표에 관한 절차)를 밟을 수 있지만, 미성년자 또는 피한정후견인이 **독립하여 법률행위를 할 수 있는 경우**에는 그러하지 아니하다(제4조 제1항).

3. 법인이 아닌 사단 등

법인이 아닌 사단 또는 재단으로서 **대표자 또는 관리인이 정해져 있는 경우**에는 그 사단이나 재단의 이름으로 상표등록의 이의신청인이나 심판 또는 재심의 당사자가 될 수 있다(제5조).

4. 재외자

국내에 주소나 영업소가 없는 자(재외자)95)는 국내에 체류하

---

94) 상표권 또는 상표에 관한 권리와 관련된 법정대리인이 있는 경우만 해당한다.

는 경우를 제외하고는 그 재외자의 상표에 관한 **대리인으로서 국내에 주소나 영업소가 있는 자**(상표관리인)에 의해서만 상표에 관한 절차를 밟거나 이 법 또는 이 법에 따른 명령에 따라 행정청이 한 처분에 대하여 소(訴)를 제기할 수 있다(제6조 제1항).

5. 외국인

재외자인 **외국인**은 일정요건에 해당하면 상표권 또는 상표에 관한 권리를 누릴 수 있다(제27조).

제3절 상표권의 대상

1. 상표의 등록요건

가. 적극적 요건을 갖출 것

상표법상 '상표'의 정의에 합당하여야 한다. 즉, 자기의 상품과 타인의 상품을 식별하기 위하여 사용하는 표장(標章)이어야 한다(제2조 제1항 제1호).

---

95) 법인인 경우에는 그 대표자를 말한다.

나. 소극적 요건에 해당하지 않을 것

다음의 어느 하나에 해당하는 상표는 상표등록을 받을 수 없다(제33조 제1항).

① 그 상품의 보통명칭을 보통으로 사용하는 방법으로 표시한 표장만으로 된 상표
② 그 상품에 대하여 관용(慣用)하는 상표
③ 현저한 지리적 명칭이나 그 약어(略語) 또는 지도만으로 된 상표 등.

다음의 어느 하나에 해당하는 상표는 원천적으로 상표등록대상에서 배제된다(제34조 제1항).

① 국가의 국기(國旗) 및 국제기구의 기장(記章) 등으로서 소정 요건에 해당하는 상표
② 국가·인종·민족·공공단체·종교 또는 저명한 고인(故人) 과의 관계를 거짓으로 표시하거나 이들을 비방 또는 모욕 하거나 이들에 대한 평판을 나쁘게 할 우려가 있는 상표
③ 국가·공공단체 또는 이들의 기관과 공익법인의 비영리 업 무나 공익사업을 표시하는 표장으로서 저명한 것과 동일 ·유사한 상표. 다만, 그 국가 등이 자기의 표장을 상표등 록출원한 경우에는 상표등록을 받을 수 있다.
④ 상표 그 자체 또는 상표가 상품에 사용되는 경우 수요자에 게 주는 의미와 내용 등이 일반인의 통상적인 도덕관념인 선량한 풍속에 어긋나는 등 공공의 질서를 해칠 우려가 있는 상표 등.

제4절 상표출원의 절차

1. 상표등록출원

가. 상표등록출원서의 제출

(1) 기본 사항

상표등록을 받으려는 자는 상표등록출원서를 특허청장에게
제출하여야 한다(제36조 제1항 및 제2항).

(2) 단체표장등록

단체표장등록을 받으려는 자는 단체표장의 사용에 관한 사
항을 정한 **정관**을 단체표장등록출원서에 첨부하여야 한다(제36
조 제3항).

(3) 증명표장등록

증명표장등록을 받으려는 자는 증명표장의 사용에 관한 사
항을 정한 **서류**96)와 증명하려는 상품의 품질, 원산지, 생산방
법이나 그 밖의 특성을 증명하고 관리할 수 있음을 증명하는

서류를 증명표장등록출원서에 첨부하여야 한다(제36조 제4항).

(4) 지리적 표시 표장등록

지리적 표시 단체표장등록이나 지리적 표시 증명표장등록을 받으려는 자는 **지리적 표시의 정의에 일치함을 증명할 수 있는 서류**를 지리적 표시 단체표장등록출원서 또는 지리적 표시 증명표장등록출원서에 첨부하여야 한다(제36조 제5항).

(5) 업무표장등록

업무표장등록을 받으려는 자는 그 **업무의 경영 사실을 증명하는 서류**를 업무표장등록출원서에 첨부하여야 한다(제36조 제6항).

나. 도달주의

상표등록출원일은 상표등록출원에 관한 출원서가 특허청장에게 **도달한 날**로 한다(제37조 제1항).

그러나 상표등록출원이 다음과 같이 **흠결이 있는 경우**에는 그러하지 아니하다(제37조 제1항 단서).

① 상표등록을 받으려는 **취지**가 명확하게 표시되지 아니한 경우
② 출원인의 **성명이나 명칭**이 적혀 있지 아니하거나 명확하게 적혀 있지 아니하여 출원인을 특정할 수 없는 경우
③ **지정상품**이 적혀 있지 아니한 경우 등.

---

96) 법인인 경우에는 정관을 말하고, 법인이 아닌 경우에는 규약을 말하며, 이하 "정관 또는 규약"이라 한다.

다. 1상표 1출원주의

상표등록출원을 하려는 자는 상품류의 구분에 따라 1류 이상의 상품을 지정하여 1상표마다 1출원을 하여야 한다(제38조 제1항).

라. 출원의 변경 및 분할

(1) 출원의 변경

다음의 어느 하나에 해당하는 출원을 한 출원인은 그 출원을 다음의 어느 하나에 해당하는 다른 출원으로 변경할 수 있다(제44조 제1항).

① 상표등록출원
② 단체표장등록출원(지리적 표시 단체표장등록출원은 제외)
③ 증명표장등록출원(지리적 표시 증명표장등록출원은 제외).

그리고 지정상품추가등록출원을 한 출원인은 상표등록출원으로 변경할 수 있다(제44조 제2항).[97] 위 변경된 출원은 최초의 출원을 한 때에 출원한 것으로 본다(제44조 제3항). 다만, 제

---

97) 지정상품추가등록출원의 기초가 된 등록상표에 대하여 무효심판 또는 취소심판이 청구되거나 그 등록상표가 무효심판 또는 취소심판 등으로 소멸된 경우에는 그러하지 아니하다(제44조 제2항 단서).

46조 제1항에 따른 우선권 주장이 있거나 제47조 제1항에 따른 출원 시의 특례를 적용하는 경우에는 그러하지 아니하다 (제44조 제3항 단서).

(2) 출원의 분할

출원인은 둘 이상의 상품을 지정상품으로 하여 상표등록 출원을 한 경우에는 둘 이상의 상표등록출원으로 분할할 수 있다(제45조 제1항). 분할하는 상표등록출원이 있는 경우 그 분할 출원은 최초에 상표등록출원을 한 때에 출원한 것으로 본다 (제45조 제2항).

마. 정보의 제공

누구든지 상표등록출원된 상표가 결격사유(제54조 각 호)에 해당되어 상표등록될 수 없다는 취지의 정보를 증거와 함께 특허청장 또는 특허심판원장에게 제공할 수 있다(제49조).

바. 국제출원

「표장의 국제등록에 관한 마드리드협정에 대한 의정서」제2조 (1)에 따른 국제등록을 받으려는 자는 다음의 어느 하나에 해당하는 상표등록출원 또는 상표등록을 기초로 하여 특허청장에게 국제출원을 하여야 한다(제167조).

① 본인의 상표등록출원 ② 본인의 상표등록
③ 본인의 상표등록출원 및 본인의 상표등록.

2. 보완 및 보정명령

가. 보완명령

특허청장은 상표등록출원이 흠결이 있는 경우에는(제37조 제1
항 단서) 상표등록을 받으려는 자에게 적절한 기간을 정하여
보완할 것을 명하여야 한다(제37조 제2항).

나. 보정명령

특허청장 또는 특허심판원장은 상표에 관한 절차가 소정
사유에 해당하는 경우에는 산업통상자원부령으로 정하는 바
에 따라 기간을 정하여 상표에 관한 절차를 밟는 자에게 보
정을 명하여야 한다(제39조).

다. 출원인의 보정

(1) 출원공고결정 전의 보정

출원인은 소정기간 내에 최초의 상표등록출원의 요지를 변경
하지 아니하는 범위에서 상표등록출원서의 기재사항, 상표등록
출원에 관한 지정상품 및 상표를 보정할 수 있다(제40조 제1항).

(2) 출원공고결정 후의 보정

출원인은 출원공고결정 등본의 송달 후에 소정 사유에 해당하게 된 경우에는 소정기간 내에 최초의 상표등록출원의 요지를 변경하지 아니하는 범위에서 지정상품 및 상표를 보정할 수 있다(제41조 제1항).

라. 보정의 각하

심사관은 위 보정이 제40조 제2항 각 호의 어느 하나에 해당하지 아니하는 것인 경우에는 결정으로 그 보정을 각하(却下)하여야 한다(제42조 제1항). 보정에 대한 각하결정에 대해서는 불복할 수 없다(제42조 제5항).

3. 출원에 대한 심사

가. 심사관에 의한 심사

특허청장은 심사관에게 상표등록출원 및 이의신청을 심사하게 한다(제50조 제1항).

나. 전문기관 등에 대한 의뢰

특허청장은 상표등록출원의 심사에 필요하다고 인정하면 **전**

문기관에 다음의 업무를 의뢰할 수 있다(제50조 제1항).

① 상표검색 ② 상품분류
③ 그 밖에 상표의 사용실태 조사 등 대통령령으로 정하는 업무.

특허청장은 업무를 효과적으로 수행하기 위하여 필요하다고 인정하는 경우에는 **전담기관**으로 하여금 전문기관 업무에 대한 관리 및 평가에 관한 업무를 대행하게 할 수 있다(제50조 제3항).

다. 심사의 순위 및 우선심사

(1) 원 칙

상표등록출원에 대한 심사의 순위는 **원칙적으로 출원의 순위**에 따른다(제53조 제1항).

(2) 예 외

특허청장은 다음의 어느 하나에 해당하는 상표등록출원에 대해서는 심사관으로 하여금 다른 상표등록출원보다 **우선하여 심사**하게 할 수 있다(제53조 제2항).

① 상표등록출원 후 출원인이 아닌 자가 상표등록출원된 상표와 동일·유사한 상표를 동일·유사한 지정상품에 정당한 사유 없이 업으로서 사용하고 있다고 인정되는 경우
② 출원인이 상표등록출원한 상표를 지정상품의 전부에 사용하고 있는 등 대통령령으로 정하는 상표등록출원으로서 긴급한 처리가 필요하다고 인정되는 경우.

4. 출원공고

가. 출원공고결정

심사관은 상표등록출원에 대하여 거절이유를 발견할 수 없는 경우에는 출원공고결정을 하여야 한다(제57조 제1항).

나. 손실보상청구권

출원인은 출원공고가 있은 후 해당 상표등록출원에 관한 지정상품과 동일·유사한 상품에 대하여 해당 상표등록출원에 관한 상표와 **동일·유사한 상표를 사용하는** 자에게 서면으로 경고할 수 있다(제58조 제1항).

위 경고를 한 출원인은 경고 후 상표권을 설정등록할 때까지의 기간에 발생한 해당 상표의 사용에 관한 업무상 손실에 상당하는 **보상금의 지급**을 청구할 수 있다(제58조 제2항).

다. 직권보정 등

심사관은 출원공고결정을 할 때에 상표등록출원서에 적힌 사항이 명백히 잘못된 경우에는 직권으로 보정을 할 수 있다(제59조 제1항).

라. 이의신청

출원공고가 있는 경우에는 누구든지 출원공고일부터 2개월 내에 다음의 어느 하나에 해당한다는 것을 이유로 특허청장에게 이의신청을 할 수 있다(제60조 제1항).

① 제54조에 따른 상표등록거절결정의 거절이유에 해당한다는 것
② 제87조 제1항에 따른 추가등록거절결정의 거절이유에 해당한다는 것.

심사장은 이의신청이 있는 경우에는 이의신청서 부본(副本)을 출원인에게 송달하고 기간을 정하여 답변서 제출의 기회를 주어야 한다(제66조 제1항). 심사관합의체는 이의신청기간이 지난 후에 이의신청에 대한 결정을 하여야 한다(제66조 제2항).

5. 상표등록 및 거절결정

가. 상표등록결정

심사관은 상표등록출원에 대하여 거절이유를 발견할 수 없는 경우에는 상표등록결정을 하여야 한다(제68조).

나. 상표등록 출원공고 전 상표등록거절결정

심사관은 상표등록출원이 다음의 어느 하나에 해당하는

경우에는 상표등록거절결정을 하여야 한다(제54조).

① 제2조 제1항에 따른 상표, 단체표장, 지리적 표시, 지리적 표
  시 단체표장, 증명표장, 지리적 표시 증명표장 또는 업무표장
  의 정의에 맞지 아니하는 경우
② 조약에 위반된 경우 등.

심사관은 상표등록거절결정을 하려는 경우에는 출원인에
게 미리 거절이유를 통지하여야 하며, 출원인은 산업통상자
원부령으로 정하는 기간 내에 거절이유에 대한 의견서를 제
출할 수 있다(제55조 제1항).

다. 상표등록 출원공고 후의 상표등록거절결정

심사관은 출원공고 후 거절이유를 발견한 경우에는 직권
으로 상표등록거절결정을 할 수 있다(제67조 제1항).

6. 상표등록절차

가. 상표등록료

상표권의 설정등록 등을 받으려는 자는 상표등록료를 내
야 하며, 아래 ① 또는 ②에 해당할 때에는 상표등록료를 2
회로 분할하여 낼 수 있다(제72조 제1항).

① 제82조에 따른 상표권의 설정등록

② 존속기간갱신등록
③ 제86조에 따른 지정상품의 추가등록.

나. 수수료

상표에 관한 절차를 밟는 자는 수수료를 내야 한다(제78조 제1항).

다. 상표원부에의 등록

특허청장은 특허청에 상표원부를 갖추어 두고 상표권의 설정·이전·변경 등의 사항을 등록한다(제80조 제1항).

7. 상표쟁송제도

가. 상표심판제도

(1) 상표심판의 종류

상표에 관한 심판은 ① 보정각하결정에 대한 심판(제115조), ② 거절결정에 대한 심판(제116조), ③ 상표등록의 무효심판(제117조 제1항), ④ 존속기간갱신등록의 무효심판(제118조 제1항), ⑤ 상표등록의 취소심판(제119조 제1항), ⑥ 전용사용권 등 등록의 취소심판(제120조 제1항), ⑦ 권리범위 확인심판(제121조) 등이 있다.

(2) 재심제도

당사자는 확정된 심결에 대하여 재심을 청구할 수 있다(제157조 제1항).

당사자는 심결 확정 후 재심 사유를 안 날부터 30일 이내에 재심을 청구하여야 한다(제159조 제1항). 심결 확정 후 3년이 지나면 재심을 청구할 수 없다(제159조 제3항).

나. 상표소송제도

(1) 소송의 관할

심결에 대한 소와 보정각하결정 및 심판청구서나 재심청구서의 각하결정에 대한 소는 특허법원의 전속관할로 하며(제162조 제1항), 특허법원의 판결에 대해서는 대법원에 상고할 수 있다(제162조 제7항).

(2) 소송의 제기

소는 당사자, 참가인 또는 해당 심판이나 재심에 참가신청을 하였으나 그 신청이 거부된 자만 제기할 수 있다(제162조 제2항). 소는 심결 또는 결정의 등본을 송달받은 날부터 30일 이내[98]에 제기하여야 한다(제162조 제3항).

---

98) 이 기간은 불변기간(不變期間)으로 한다. 다만, 심판장은 도서·벽

제5절 상표권의 효력

1. 상표권의 내용

가. 전용사용권

상표권자는 그 상표권에 관하여 타인에게 전용사용권을 설정할 수 있지만(제95조 제1항), 업무표장권, 단체표장권 또는 증명표장권에 관하여는 전용사용권을 설정할 수 없다(제95조 제2항).

전용사용권의 설정을 받은 **전용사용권자**는 그 설정행위로 정한 범위에서 지정상품에 관하여 등록상표를 사용할 권리를 독점한다(제95조 제3항).

나. 통상사용권

상표권자는 그 상표권에 관하여 타인에게 통상사용권을 설정할 수 있다(제97조 제1항).

통상사용권의 설정을 받은 **통상사용권자**는 그 설정행위로

지 등 교통이 불편한 지역에 있는 자를 위하여 산업통상자원부령으로 정하는 바에 따라 직권으로 불변기간에 대하여 부가기간(附加期間)을 정할 수 있다(제162조 제4항).

정한 범위에서 지정상품에 관하여 등록상표를 사용할 권리를 가진다(제97조 제2항).

다. 원특허권자 등의 권리

상표등록출원일 전 또는 상표등록출원일과 동일한 날에 출원되어 등록된 특허권이 그 상표권과 저촉되는 경우 그 특허권의 존속기간이 만료되는 때에는 그 **원특허권자**는 원특허권의 범위에서 그 등록상표의 지정상품과 동일·유사한 상품에 대하여 그 등록상표와 동일·유사한 상표를 사용할 권리를 가진다.[99] 그러나 부정경쟁의 목적으로 그 상표를 사용할 수 없다(제98조 제1항).

상표등록출원일 전 또는 상표등록출원일과 동일한 날에 출원되어 등록된 특허권이 그 상표권과 저촉되는 경우 그 특허권의 존속기간이 만료되는 때에는 그 만료되는 당시에 존재하는 특허권에 대한 전용실시권 또는 그 특허권이나 전용실시권에 대한 특허법 제118조 제1항의 효력을 가지는 통상실시권을 가진 자는 원권리의 범위에서 그 등록상표의 지정상품과 동일·유사한 상품에 대하여 그 등록상표와 동일·유사한 상표를 사용할 권리를 가진다.[100] 그러나 부정경쟁의 목적으로 그 상표를 사용할 수 없다(제98조 제2항).

해당 상표권자 또는 전용사용권자는 상표를 사용할 권리를 가진 자에게 그 자의 업무에 관한 상품과 자기의 업무에

---

99) 상표를 사용할 권리를 가진 자는 상표권자 또는 전용사용권자에게 상당한 대가를 지급하여야 한다(제98조 제3항).

100) 상표를 사용할 권리를 가진 자는 전용사용권자에게 상당한 대가를 지급하여야 한다(제98조 제3항).

관한 상품 간에 혼동을 방지하는 데 필요한 표시를 하도록 청구할 수 있다(제98조 제4항).

상표를 사용할 권리를 이전하려는 경우에는 상표권자 또는 전용사용권자의 동의를 받아야 한다(제98조 제5항).

위 내용은 상표등록출원일 전 또는 상표등록출원일과 동일한 날에 출원되어 등록된 실용신안권 또는 디자인권이 그 상표권과 저촉되는 경우로서 그 실용신안권 또는 디자인권의 존속기간이 만료되는 경우에도 준용한다(제98조 제6항).

라. 선사용자의 권리

타인의 등록상표와 동일·유사한 상표를 그 지정상품과 동일·유사한 상품에 사용하는 자로서 다음의 요건을 모두 갖춘 자 또는 그 지위를 승계한 자는 해당 상표를 그 사용하는 상품에 대하여 계속하여 사용할 권리를 가진다(제99조 제1항).

① 부정경쟁의 목적이 없이 타인의 상표등록출원 전부터 국내에서 계속하여 사용하고 있을 것
② ①에 따라 상표를 사용한 결과 타인의 상표등록출원 시에 국내 수요자 간에 그 상표가 특정인의 상품을 표시하는 것이라고 인식되어 있을 것.

자기의 성명·상호 등 인격의 동일성을 표시하는 수단을 상거래 관행에 따라 상표로 사용하는 자로서 위 ①의 요건을 갖춘 자는 해당 상표를 그 사용하는 상품에 대하여 계속 사용할 권리를 가진다(제99조 제2항). 상표권자나 전용사용권자는

위 ①에 따라 상표를 사용할 권리를 가지는 자에게 그 자의 상품과 자기의 상품 간에 출처의 오인이나 혼동을 방지하는 데 필요한 표시를 할 것을 청구할 수 있다(제99조 제3항).

2. 상표권의 효력발생과 권리변동

가. 상표권의 효력발생

상표권은 설정등록에 의하여 발생한다(제82조 제1항). 특허청장은 상표등록료 납부의무자가 ① 이를 내거나 ② 보전하였을 경우에는 상표권을 설정하기 위한 등록을 하여야 한다(제82조 제2항).

그리고 특허청장은 특허청장은 상표공보를 발행하여야 하며(제221조 제1항), 상표권을 등록한 경우에는 상표권자의 성명·주소 및 상표등록번호 등 대통령령으로 정하는 사항을 상표공보에 게재하여 등록공고를 하여야 한다(제82조 제3항).

나. 상표권의 변동과 등록

다음에 해당하는 사항은 등록하지 아니하면 그 효력이 발생하지 아니한다(제96조 제1항).

① 상표권의 이전(상속이나 그 밖의 일반승계에 의한 경우는 제외)·변경·포기에 의한 소멸, 존속기간의 갱신, 상품분류전환, 지정상품의

　추가 또는 처분의 제한

② 상표권을 목적으로 하는 질권의 설정·이전(상속이나 그 밖의 일반
　승계에 의한 경우는 제외)·변경·소멸(권리의 혼동에 의한 경우는 제외) 또
　는 처분의 제한.

　다음에 해당하는 사항은 등록하지 아니하면 제3자에게 대
항할 수 없다(제100조 제1항).

① 전용사용권 또는 통상사용권의 설정·이전·변경·포기에 의
　한 소멸 또는 처분의 제한

② 전용사용권 또는 통상사용권을 목적으로 하는 질권의 설정·
　이전·변경·포기에 의한 소멸 또는 처분의 제한.

　전용사용권 또는 통상사용권을 등록한 경우에는 그 등록
후에 상표권 또는 전용사용권을 취득한 자에 대해서도 그 효
력이 발생한다(제100조 제2항).

다. 상표권의 존속기간

　상표권의 존속기간은 설정등록이 있는 날부터 10년으로
한다(제83조 제1항). 이는 존속기간갱신등록신청에 의하여 10년씩
갱신할 수 있다(제83조 제2항).

　그러나 다음의 어느 하나에 해당하는 경우에는 상표권의
설정등록일 또는 존속기간갱신등록일부터 5년이 지나면 상표
권이 소멸한다(제83조 제3항).

① 납부기간 내에 상표등록료를 내지 아니한 경우
② 상표등록료의 보전을 명한 경우로서 그 보전기간 내에 보전하지 아니한 경우
③ 해당 기간 내에 상표등록료를 내지 아니하거나 보전하지 아니한 경우(제77조 제1항).

라. 상표권의 효력이 미치지 아니하는 범위

지리적 표시 단체표장권은 다음의 어느 하나에 해당하는 경우에는 그 효력이 미치지 아니한다(제90조 제2항).

① 자기의 성명·명칭 또는 상호·초상·서명·인장 또는 저명한 아호·예명·필명과 이들의 저명한 약칭을 상거래 관행에 따라 사용하는 상표
② 등록상표의 지정상품과 동일·유사한 상품의 보통명칭·산지·품질·원재료·효능·용도·수량·형상·가격 또는 생산방법·가공방법·사용방법 및 시기를 보통으로 사용하는 방법으로 표시하는 상표(산지에 해당하는 경우는 제외) 등.

지리적 표시 단체표장권을 제외한 상표권은 다음의 어느 하나에 해당하는 경우에는 그 효력이 미치지 아니한다(제90조 제1항).

① 자기의 성명·명칭 또는 상호·초상·서명·인장 또는 저명한 아호·예명·필명과 이들의 저명한 약칭을 상거래 관행에 따라 사용하는 상표
② 등록상표의 지정상품과 동일·유사한 상품의 보통명칭·산지·품질·원재료·효능·용도·수량·형상·가격 또는 생산방법·가공방법·사용방법 및 시기를 보통으로 사용하는 방법으로 표시하는 상표 등.

마. 등록상표 등의 보호범위

등록상표의 보호범위는 상표등록출원서에 적은 상표 및 기재사항에 따라 정해진다(제91조 제1항). 지정상품의 보호범위는 상표등록출원서 또는 상품분류전환등록신청서에 기재된 상품에 따라 정해진다(제91조 제2항).

바. 타인의 디자인권 등과의 관계

상표권자·전용사용권자 또는 통상사용권자는 그 등록상표를 사용할 경우에 그 사용상태에 따라 그 상표등록출원일 전에 출원된 **타인의 특허권·실용신안권·디자인권** 또는 그 상표등록출원일 전에 발생한 **타인의 저작권**과 저촉되는 경우에는 지정상품 중 저촉되는 지정상품에 대한 상표의 사용은 특허권자·실용신안권자·디자인권자 또는 저작권자의 동의를 받지 아니하고는 그 등록상표를 사용할 수 없다(제92조 제1항).

상표권자·전용사용권자 또는 통상사용권자는 그 등록상표의 사용이 「부정경쟁방지 및 영업비밀보호에 관한 법률」에 따른 **부정경쟁행위**(제2조 제1호 차목)에 해당하는 경우에는 타인의 동의를 받지 아니하고는 그 등록상표를 사용할 수 없다(제92조 제2항).

사. 상표권 등의 이전

상표권은 그 지정상품마다 분할하여 이전할 수 있지만, 유사한 지정상품은 함께 이전하여야 한다(제93조 제1항). **업무표장권**은 원칙적으로 양도할 수 없지만, 그 업무와 함께 양도하는 경우에는 할 수 있다(제93조 제4항). **단체표장권**은 원칙적으로 이전할 수 없지만, 법인의 합병의 경우에는 특허청장의 허가를 받아 이전할 수 있다(제93조 제6항). **증명표장권**은 원칙적으로 이전할 수 없지만, 해당 증명표장에 대하여 등록받을 수 있는 자에게 그 업무와 함께 이전할 경우에는 특허청장의 허가를 받아 이전할 수 있다(제93조 제7항).

업무표장권, 상표권(제34조 제1항 제1호 다목 단서, 같은 호 라목 단서 또는 같은 항 제3호 단서), 단체표장권 또는 증명표장권을 목적으로 하는 **질권**은 설정할 수 없다(제93조 제8항).

아. 상표권 등의 공유

상표권이 공유인 경우에는 각 공유자는 **다른 공유자 모두의 동의**를 받지 아니하면 그 지분을 양도하거나 그 지분을 목적으로 하는 질권을 설정할 수 없다(제93조 제2항). 상표권이 공유인 경우에는 각 공유자는 다른 공유자 모두의 동의를 받지 아니하면 그 상표권에 대하여 전용사용권 또는 통상사용권을 설정할 수 없다(제93조 제3항).

자. 상표권의 분할

상표권의 지정상품이 둘 이상인 경우에는 그 상표권을 지정상품별로 분할할 수 있다(제94조 제1항). 무효심판이 청구된 경우에는 심결이 확정되기까지는 상표권이 소멸된 후에도 분할할 수 있다(제94조 제2항).

차. 상표권의 포기

상표권자는 상표권에 관하여 지정상품마다 포기할 수 있다(제101조). 상표권자는 전용사용권자·통상사용권자 또는 질권자의 동의를 받지 아니하면 상표권을 포기할 수 없다(제102조 제1항).

전용사용권자는 질권자 또는 통상사용권자의 동의를 받지 아니하면 전용사용권을 포기할 수 없다(제102조 제2항).

통상사용권자는 질권자의 동의를 받지 아니하면 통상사용권을 포기할 수 없다(제102조 제3항).

카. 상표권의 소멸

상표권자가 사망한 날부터 3년 이내에 상속인이 그 상표권의 이전등록을 하지 아니한 경우에는 상표권자가 사망한 날부터 3년이 되는 날의 다음 날에 상표권이 소멸된다(제106조 제1항).

청산절차가 진행 중인 법인의 상표권은 법인의 청산종결등기일까지 그 상표권의 이전등록을 하지 아니한 경우에는 청산종결등기일의 다음 날에 소멸된다(제106조 제2항).

제6절 상표권의 침해에 대한 구제

1. 침해행위

가. 지리적 표시 단체표장권의 침해

다음의 어느 하나에 해당하는 행위는 지리적 표시 단체표장권을 침해한 것으로 본다(제108조 제2항).

① 타인의 지리적 표시 등록단체표장과 **유사한 상표**(동음이의어 지리적 표시는 제외)를 그 지정상품과 동일하다고 인정되는 상품에 사용하는 행위
② 타인의 지리적 표시 등록단체표장과 **동일·유사한 상표**를 그 지정상품과 동일하다고 인정되는 상품에 사용하거나 사용하게 할 목적으로 교부·판매·위조·모조 또는 소지하는 행위 등.

나. 지리적 표시 단체표장권을 제외한 상표권 또는 전용사용권의 침해

다음의 어느 하나에 해당하는 행위는 지리적 표시 단체표장권을 제외한 상표권 또는 전용사용권을 침해한 것으로 본

다(제108조 제1항).

① 타인의 등록상표와 **동일한 상표**를 그 지정상품과 유사한 상
  품에 사용하거나 타인의 등록상표와 유사한 상표를 그 지정
  상품과 동일·유사한 상품에 사용하는 행위
② 타인의 등록상표와 **동일·유사한 상표**를 그 지정상품과 동일
  ·유사한 상품에 사용하거나 사용하게 할 목적으로 교부·
  판매·위조·모조 또는 소지하는 행위 등.

다. 고의의 추정

등록상표임을 표시한 타인의 상표권 또는 전용사용권을
침해한 자는 그 침해행위에 대하여 그 상표가 이미 등록된
사실을 알았던 것으로 추정한다(제112조).

라. 거짓 표시의 금지

누구든지 다음의 어느 하나에 해당하는 행위를 해서는 아
니 된다(제224조 제1항).

① 등록을 하지 아니한 상표 또는 상표등록출원을 하지 아니한
  상표를 등록상표 또는 등록출원상표인 것같이 상품에 표시
  하는 행위
② 등록을 하지 아니한 상표 또는 상표등록출원을 하지 아니한
  상표를 등록상표 또는 등록출원상표인 것같이 영업용 광고,
  간판, 표찰, 상품의 포장 또는 그 밖의 영업용 거래 서류 등
  에 표시하는 행위
③ 지정상품 외의 상품에 대하여 등록상표를 사용하는 경우에

그 상표에 상표등록 표시 또는 이와 혼동하기 쉬운 표시를 하는 행위.

2. 민사적 구제

가. 권리침해에 대한 금지청구권 등

상표권자 또는 전용사용권자는 자기의 권리를 침해한 자 또는 침해할 우려가 있는 자에 대하여 그 침해의 금지 또는 예방을 청구할 수 있다(제107조 제1항). 상표권자 또는 전용사용권자가 위 청구를 할 경우에는 침해행위를 조성한 물건의 폐기, 침해행위에 제공된 설비의 제거나 그 밖에 필요한 조치를 청구할 수 있다(제107조 제2항).

나. 손해배상의 청구

상표권자 또는 전용사용권자는 자기의 상표권 또는 전용사용권을 고의 또는 과실로 침해한 자에 대하여 그 침해에 의하여 자기가 받은 손해의 배상을 청구할 수 있다(제109조).

다. 상표권자 등의 신용회복

법원은 고의나 과실로 상표권 또는 전용사용권을 침해함으로써 상표권자 또는 전용사용권자의 업무상 신용을 떨어뜨린 자에 대해서는 상표권자 또는 전용사용권자의 청구에 의하여 손해배상을 갈음하거나 손해배상과 함께 상표권자 또는 전용사용권자의 업무상 신용회복을 위하여 필요한 조치를 명할 수 있다(제113조).

라. 비밀유지명령

법원은 상표권 또는 전용사용권의 침해에 관한 소송에서 어느 한쪽 당사자가 보유한 영업비밀에 대하여 다음의 사유를 모두 소명한 경우에는 그 당사자의 신청에 의하여 결정으로 다른 당사자(법인인 경우에는 그 대표자), 당사자를 위하여 소송을 대리하는 자, 그 밖에 그 소송으로 인하여 영업비밀을 알게 된 자에게 그 영업비밀을 **그 소송의 계속적인 수행 외의 목적으로 사용하거나 그 영업비밀에 관계된 명령을 받은 자 외의 자에게 공개하지 아니할 것을 명할 수 있다.**

① 이미 제출하였거나 제출하여야 할 준비서면 또는 이미 조사하였거나 조사하여야 할 증거에 영업비밀이 포함되어 있다는 것
② 위 ①에 따른 영업비밀이 해당 소송 수행 외의 목적으로 사용되거나 공개되면 당사자의 영업에 지장을 줄 우려가 있어 이를 방지하기 위하여 영업비밀의 사용 또는 공개를 제한할 필요가 있다는 것.

3. 형사적 구제

가. 침해죄

상표권 또는 전용사용권의 침해행위를 한 자는 7년 이하의 징역 또는 1억원 이하의 벌금에 처한다(제230조).

나. 비밀유지명령 위반죄

국내외에서 정당한 사유 없이 비밀유지명령을 위반한 자는 5년 이하의 징역 또는 5천만원 이하의 벌금에 처한다(제231조 제1항). 이 죄에 대해서는 비밀유지명령을 신청한 자의 고소가 있어야 공소를 제기할 수 있다(제231조 제2항).

다. 위증죄

이 법에 따라 선서한 증인, 감정인 또는 통역인이 특허심판원에 대하여 거짓의 진술·감정 또는 통역을 하였을 경우에는 5년 이하의 징역 또는 5천만원 이하의 벌금에 처한다(제232조 제1항).

라. 거짓 표시의 죄

거짓 표시금지 의무(제224조)를 위반한 자는 3년 이하의 징역 또는 3천만원 이하의 벌금에 처한다(제233조).

마. 거짓 행위의 죄

거짓이나 그 밖의 부정한 행위를 하여 상표등록, 지정상품의 추가등록, 존속기간갱신등록, 상품분류전환등록 또는 심결을 받은 자는 3년 이하의 징역 또는 3천만원 이하의 벌금에 처한다(제234조).

바. 양벌규정

법인의 대표자나 법인 또는 개인의 대리인, 사용인, 그 밖의 종업원이 그 법인 또는 개인의 업무에 관하여 제230조, 제233조 또는 제234조의 위반행위를 하면 그 행위자를 벌하는 외에 그 법인에는 벌금형을 과(科)하고, 그 개인에게는 해당 조문의 벌금형을 과한다.

사. 몰 수

상표권 또는 전용사용권의 침해행위에 제공되거나 그 침해행위로 인하여 생긴 상표·포장 또는 상품(침해물)과 그 침해물 제작에 주로 사용하기 위하여 제공된 제작 용구 또는 재료는 몰수한다(제236조 제1항).

제 6 장 저작권법

제 1 절 저작권법의 개념
제 2 절 저작권의 주체
제 3 절 저작권의 대상
제 4 절 저작권의 효력
제 5 절 저작권의 침해에 대한 구제

제1절 저작권법의 개념

1. 저작의 개념

저작이란 인간이 **사상 또는 감정을 외부로 표현하는 행위**를 말한다. 그 표현수단은 주로 말이나 그림, 육체적인 수단 등이다.[101]

2. 저작권의 개념

저작권이란 저작물을 저작한 저작자가 자신의 저작물에 관한 배타적 권리이다.

3. 저작권법의 개념

저작권법은 헌법에서 보장하고 있는 저작자의 권리(제22조 제2항)를 실현하기 위한 법률이라 할 수 있다.

---

101) 과거에는 저작의 개념이 그림이나 글, 학술 등에 한정되었으나, 최근 기술의 발달에 따라 컴퓨터 프로그램 등으로 확대되고 있다; 윤선희, 『지적재산권법』(2018), 388면.

제2절 저작권의 주체

1. 저작자

저작자는 **저작물을 창작한 자**를 말하며, 원저작자이든 원저작물을 번역·변곡 그 밖의 방법으로 작성한 창작자이든 묻지 않는다. 또 자연인이든 법인이든 불문한다.[102]

저작자는 저작인격권과 저작재산권을 가진다(제10조 제1항). 저작권은 저작물을 창작한 때부터 발생하며 어떠한 절차나 형식의 이행을 필요로 하지 아니한다(제10조 제2항).

2. 저작자 등의 추정

다음의 어느 하나에 해당하는 자는 저작자로서 그 저작물에 대한 저작권을 가지는 것으로 추정한다(제8조 제1항).[103]

① 저작물의 원본이나 그 복제물에 저작자로서의 실명 또는 이

---

102) 이동훈·이창배, 『지식재산권법』(2010), 229면.

103) 저작자의 표시가 없는 저작물의 경우에는 발행자·공연자 또는 공표자로 표시된 자가 저작권을 가지는 것으로 추정한다(제8조 제2항).

명104)으로서 널리 알려진 것이 일반적인 방법으로 표시된 자
② 저작물을 공연 또는 공중송신하는 경우에 저작자로서의 실명
또는 저작자의 널리 알려진 이명으로서 표시된 자.

3. 업무상저작물의 저작자

법인등의 명의로 공표되는105) 업무상저작물의 저작자는
계약 또는 근무규칙 등에 다른 정함이 없는 때에는 그 법인
등이 된다(제9조).

제3절 저작권의 대상

1. 저작물의 개념

가. 저작물의 정의

2006년 개정시 저작물의 정의를 "문학 · 학술 또는 예술
의 범위에 속하는 창작물"에서 "인간의 사상 또는 감정을
표현한 창작물"로 변경하였다.

이에는 기능적 저작물을 예시로 들 수 있는데, 기능적 저
작물은 특별한 기능을 주된 목적으로 하는 저작물로서, 특정

---

104) 예명 · 아호 · 약칭 등을 말한다.

105) 컴퓨터프로그램저작물의 경우 공표될 것을 요하지 아니한다.

한 기술 또는 지식·개념을 전달하거나 방법 또는 해법, 작업 과정 등을 설명한 것을 말한다. 이것은 예술적 표현보다는 그 저작물이 달성하려는 기능이나 실용적인 사상의 표현에 초점을 맞춘다.[106]

이는 최근 데이터베이스 등의 문학·학술의 범주에 해당되지 않는 것도 저작물로 인정하는 등 저작물의 범주가 확대되고 있는 추세를 반영한 것이다.

나. 저작물의 성립요건

(1) 창작물

창작성이란 개인적인 정신적 활동의 결과라는 것을 의미하며, 사상·감정 자체는 독창성이 없다고 하여도 표현의 형식 또는 방법에 독창성이 있으면 족하다.[107]

따라서 저작자의 개성이 저작물 중에 어떠한 형태로든 나타나 있으면 되고, 완전한 의미의 독창성이나 특허의 경우처럼 신규성을 요구하는 것은 아니다.[108]

---

106) 조연하·유수정, "저작물 성립 요건으로서의 창작성의 개념과 판단 기준: 국내 법원의 판결 논리를 중심으로"(2011), 123면.

107) 창작성이란 완전한 의미의 독창성을 말하는 것은 아니며, 저작물에 그 저작자 나름대로의 정신적 노력의 소산으로서의 특성이 부여되어 있고, 다른 저작자의 기존의 작품과 구별할 수 있을 정도이면 충분하다; 대법원 1995. 11. 14. 선고 94도2238 판결.

108) 박성호, 『저작권법』(2017), 42~43면.

저작물의 성립요건으로서 창작성의 의미와 관련하여 크게 ① **노동이론**과 ② **유인이론**으로 나누어진다.

(2) 사상 또는 감정

저작권법의 보호대상은 '저작물'이다. 이러한 저작물이 되기 위해서는 먼저 인간의 "사상 또는 감정"이 외부로 표현된 것이어야 한다.[109]

저작권법에서의 '사상'은 "생각 또는 사고작용의 결과로 얻어진 체계적 의식내용"으로서 특허법에서의 '사상'보다 넓은 의미로 "생각 또는 아이디어"라는 용어로 사용하고 있다.

(3) 표 현

인간의 사상이나 감정이 머릿속에서 구상된 것을 어떤 방법이나 형태로 외부로 나타낸 것을 의미한다.

표현이란 인간의 내면에서 외면으로 나타내는 것으로 그 형태나 방법에는 아무런 제한이 없다. 일반적으로 그 방법에는 문자, 소리, 영상, 동작, 그림, 기호 등을 생각할 수 있다.[110]

---

109) 인간의 정신적 활동의 성과가 아닌 '자연계의 현상 혹은 사실'이나 사회 등에서 존재하는 '사실' 그 자체는 저작물의 범위에서 제외된다; 윤선희, 『지적재산권법』 (2018), 410면.

110) 누구라도 그러한 아이디어나 감정을 그렇게 표현할 수 있을 경우와 단순 모방의 경우에는 저작물성이 없다; 윤선희, 『지적재산권법』 (2018), 416면.

우리나라 판례는 글자체의 저작물성을 인정하지 않지만,111) 컴퓨터 글자체는 컴퓨터프로그램의 일종으로 보아 저작물성을 인정한다.112) 유럽을 중심으로 국제적으로는 글자체 보호를 위한 노력이 행해지고 있다.113)

(4) 물(物)

인간의 사상 또는 감정을 외부로 표현한 창작 '물' 이다. 이는 어떠한 형식이나 방법으로 사상 또는 감정을 창작적으로 표현된 것을 보호대상으로 하고 있다. 이에 관하여 영미법계는 유형물에의 고정을 저작물의 성립요건으로 하지만, 대륙법계에서는 이를 요구하지 않는다.114)

2. 저작물의 종류

가. 강학상의 분류

강학상으로는 저작물을 ① 저작자의 인원에 따라 단독저작물, 결합저작물, 공동저작물, ② 성립순서에 따라 원저작물과

---

111) 서울고등법원 1994. 4. 6. 선고 93구25075 판결.

112) 대법원 2001. 5. 15. 선고 98도732 판결.

113) 오승종, 『저작권법강의』(2018), 156면.

114) 우리나라 저작권법도 다른 대륙법계 국가와 마찬가지로 유형물에의 고정을 저작물의 성립요건으로 하지 않으므로, 원고 없이 한 강연이나 연설은 소송상 입증은 곤란할지언정 저작물로 성립하는 데는 문제가 없다; 박성호, 『저작권법』(2017), 41면.

2차적 저작물, ③ 공표유무에 따라 공표저작물과 미공표저작물, ④ 저작자의 명의에 따라 실명저작물, 이명저작물, 무명저작물, ⑤ 계속성의 유무에 따라 일회적 저작물과 계속적 저작물, ⑥ 표현방식에 따라 어문 저작물, 음악 저작물, 연극 저작물, 미술 저작물 등으로 다양하게 분류할 수 있다.115)

나. 저작권법상 분류

(1) 원저작물

저작권법은 저작물을 ① 소설·시·논문·강연·연설·각본 그 밖의 어문저작물, ② 음악저작물, ③ 연극 및 무용·무언극 그 밖의 연극저작물, ④ 회화·서예·조각·판화·공예·응용미술저작물 그 밖의 미술저작물, ⑤ 건축물·건축을 위한 모형 및 설계도서 그 밖의 건축저작물, ⑥ 사진저작물(이와 유사한 방법으로 제작된 것을 포함한다), ⑦ 영상저작물, ⑧ 지도·도표·설계도·약도·모형 그 밖의 도형저작물, ⑨ 컴퓨터프로그램저작물 등 9가지를 예시하고 있다(제4조 제1항).116)

(가) 어문 저작물

어문저작물이란 소설과 시 등 언어(말과 글 등)를 표현수단으

---

115) 윤선희, 『지적재산권법』 (2018), 418면.

116) 저작권법의 규정은 예시에 불과하므로, 위 규정에 해당되지 않는 저작물도 저작물로 보호받는 데는 지장이 없다; 박성호, 『저작권법』 (2017), 71면.

로 한 저작물을 말한다. 단, 표어나 캐치프라이즈 등 사실의
전달에 불과한 잡보나 시사보도는 저작물에 해당되지 않는다.

(나) 음악저작물

음악저작물이란 사상 또는 감정이 규칙적으로 연속되어
나오는 음(음성·음향)에 의해 표현된 저작물을 말한다.

가사를 수반하지 않은 악곡도 음악저작물에 해당하며, 가
사가 있으면 그 가사도 음악저작물이 된다.

(다) 연극저작물

연극, 무용, 무언극의 저작물이란 사상 또는 감정이 몸짓,
움직임, 정지 등의 동작에 의해 표현되어 있는 저작물을 말
한다. 연극이나 무용 그 자체는 실연으로서 저작인접권의 보
호대상이다.

(라) 미술저작물

미술저작물이란 사상 또는 감정이 형상이나 색채 또는 이
들의 조합에 의하여 미적으로 표현된 저작물을 말한다.

이에는 회화, 서예, 조각, 판화, 공예, 응용미술저작물 등으
로 예시하고 있으며, 이 외에 만화, 삽화 등도 포함된다.

(마) 건축저작물

건축저작물이란 사상 또는 감정이 토지 등[117]에 설치된
공작물에 표현된 저작물을 말한다.

저작권법은 건축에 대하여 건축저작물을 미술저작물에 포함시키지 않고 별도로 인정하고 있다.

⒝ 사진저작물

사진저작물이란 사상 또는 감정이 일정한 영상[118]에 의하여 표현된 저작물을 말한다.[119]

다른 사람에게 위탁하여 사진을 촬영한 경우에는[120] 위탁자가 갖는 초상권 등 인격적 권리를 보호하기 위하여 저작권자의 저작재산권은 제한된다.[121]

⒮ 영상저작물

영상저작물이란 사상 또는 감정이 연속적인 영상에 의해 표현된 저작물을 말한다. 이는 음의 수반 여부에는 상관없으며 연속적인 영상이 수록된 창작물로서 그 영상을 기계 또는

---

117) 반드시 토지위에 설치될 필요는 없으며, 한강 수면 위에 건축된 세빛둥둥섬도 건축저작물에 해당된다; 오승종, 『저작권법』(2016), 123면.

118) 일정한 영상이므로 연속적인 영상으로 표현된 영상저작물과 구별된다.

119) 사진이 저작권법에서 보호되기 위해서는 사상 또는 감정을 창작적으로 표현하는 것이 필요하다. 그것을 갖춘 것은 미술저작물이 성립한다고 해석된다. 그것이 없을 때에는 단순한 사실의 복제에 지나지 않는다고 해석된다; 윤선희, 『지적재산권법』(2018), 423면.

120) 제35조 ④위탁에 의한 초상화 또는 이와 유사한 사진저작물의 경우에는 위탁자의 동의가 없는 때에는 이를 이용할 수 없다

121) 이해완, 『저작권법』(2019), 204면.

전자장치에 의하여 재생하여 볼 수 있거나 보고 들을 수 있는 것으로, 영화뿐만 아니라 뉴스영화, 기록영화, TV용 영화, 레이저 디스크 영화 등 다양하게 인정된다.[122]

(아) 도형저작물

도형저작물이란 사상 또는 감정이 지도, 도표, 설계도, 약도, 모형 그 밖의 도형 등에 표현된 저작물을 말한다.

이러한 도형저작물은 양면성을 가지고 있어, 건축설계도는 건축저작물과 도형저작물의 성격을, 관광지도는 미술저작물과 도형저작물의 성격을 모두 갖는다.[123]

(자) 컴퓨터 프로그램

프로그램저작물이란 특정한 결과를 얻기 위하여 컴퓨터 등 정보처리능력을 가진 장치(컴퓨터) 내에서 직접 또는 간접으로 사용되는 일련의 지시·명령으로 표현된 창작물을 말한다(제2조 제16호). 저작권법은 프로그램언어 등은 보호하지 아니한다.

(2) 2차적 저작물

원저작물을 번역·편곡·변형·각색·영상제작 그 밖의 등의 방법으로 작성한 창작물(2차적저작물)은 **독자적인 저작물**로서 보호된다(제5조 제1항).[124] 단 2차적 저작물에 대한 이 법률

---

122) 1986년 저작권법 개정시 영화저작물을 영상저작물로 개정하였다.

123) 오승종, 『저작권법』 (2016), 154면.

에 의한 보호는 원저작물의 저작자의 권리에 미치지 아니한다(제5조 제2항).

(3) 편집저작물

편집저작물이란 편집물125)로서 그 소재의 선택·배열 또는 구성에 창작성이 있는 것을 말한다(제2조 제18호). 이는 독자적인 저작물로서 보호된다(제6조 제1항).

3. 법적으로 보호받지 못하는 저작물

다음과 같이 일반에게 널리 알릴 필요성이 있는 저작물은 법적으로 보호받지 못한다(제7조).

① 헌법, 법률, 조약, 명령, 조례 및 규칙
② 국가 지방자치단체의 고시, 공고, 훈령 등
③ 법원의 판결, 결정, 명령 및 심판이나 행정심판절차 그 밖에 이와 유사한 절차에 의한 의결 결정 등
④ 국가, 지방자치단체가 작성한 상기의 번역물 또는 편집물
⑤ 사실전달에 불과한 시사보도.

---

124) 2차적 저작물이 성립하기 위해서는 원저작물을 토대로 한 것만으로는 부족하고, 원저작물에 대한 '실질적 개변'(substantial variation)이 있어야 한다. 그러나 원저작물 저작자의 동의는 성립요건이 아니다; 오승종, 『저작권법』(2016), 173~179면.

125) 저작물이나 부호·문자·음·영상 그 밖의 형태의 자료(소재)의 집합물을 말하며, 데이터베이스를 포함한다(제2조 제17호).

제4절 저작권의 효력

1. 저작권의 종류와 특성

가. 저작권의 종류

저작물에 대해 저작권자가 가지는 권리는 ① 협의로는 저작재산권만을 의미하고, ② 광의는 저작재산권에 저작인격권을 더한 개념으로, ③ 더 나아가서는 여기에 저작인접권과 출판권 등 저작권법에 규정되어 있는 모든 권리를 포함하기도 한다.126)

그리고 일반적으로 인격적 이익을 보호하는 **저작인격권**과 **저작재산권**으로 나눌 수 있다.

나. 저작권의 특성

저작권은 특허권·디자인권 등 다른 산업재산권과 같이

---

126) 오승종, 『저작권법』 (2016), 393면.

일정한 요건을 갖추어 등록함으로써 권리가 발생하는 것이 아니다. 저작권자가 저작한 때부터 권리가 **자동적으로** 저작자에게 저작인격권과 저작재산권이 발생한다.127)

2. 저작인격권

가. 저작인격권의 개념

저작인격권이란 저작자가 자기의 저작물에 대하여 가지는 인격적 이익의 보호를 목적으로 하는 권리이다.128) 따라서 저작인격권은 저작물을 이용하여 경제적인 이익을 추구할 수 있는 권리인 저작재산권과 구별된다.129) 저작인격권에는 ① 저작자가 저작한 저작물을 공표할 것인가 말 것인가를 결정할 수 있는 **공표권**과 ② 자신이 저작한 저작물에 자신의 성명을 표시할 것인가 말 것인가를 결정할 수 있는 **성명표시권**, ③ 그리고 자신이 저작한 것을 이용과정 중에 제목·내용 등이 바뀌지 않도록 하는 **동일성유지권**이 있다.130)

---

127) 이를 무방식주의라고 한다.

128) 김정완·김원준, 『지식재산권법』 (2013), 360면.

129) 저작인격권이라는 정신적(spiritual) 권리를 저작자에게 주고 있는 것은, 저작자의 사상·감정이 표현된 저작물(제2조 1호)에는, 저작자의 인격이 구체화되어 있기 때문이라는 생각에 근거한다; 김경숙, "저작인격권의 제한과 공정이용 - UCC의 이용활성화의 관점에서 -"(2012), 315면.

나. 저작인격권의 내용

(1) 공표권

저작자는 그의 저작물을 공표하거나 공표하지 아니할 것을 결정할 권리(공표권)를 가진다(제11조 제1항).[131] 저작자가 공표되지 아니한 저작물의 저작재산권을 양도, 이용허락, 배타적발행권 또는 출판권의 설정을 한 경우에는 그 상대방에게 저작물의 공표를 동의한 것으로 추정한다(제11조 제2항). 저작자가 공표되지 아니한 미술저작물·건축저작물 또는 사진저작물(미술저작물 등)의 원본을 양도한 경우에는 그 상대방에게 저작물의 원본의 전시방식에 의한 공표를 동의한 것으로 추정한다(제11조 제3항).

원저작자의 동의를 얻어 작성된 2차적저작물 또는 편집저작물이 공표된 경우에는 그 원저작물도 공표된 것으로 본다(제11조 제4항). 공표하지 아니한 저작물을 저작자가 도서관등에 기증한 경우 별도의 의사를 표시하지 않는 한 기증한 때에 공표에 동의한 것으로 추정한다(제11조 제5항).

(2) 성명표시권

저작자는 저작물의 원본이나 그 복제물에 또는 저작물의

---

130) 저작인격권은 저작권법 이외의 민법에 의해서도 보호받을 수 있지만, 저작인격권에 대해서는 민법과 같은 일반법에 의한 보호만으로는 불충분하여 저작권법에 특별규정을 두고 있다; 윤선희, 『지적재산권법』(2018), 441면.

131) 한번 공표된 저작물에는 이 권리가 미치지 않는다.

공표 매체에 그의 실명 또는 이명을 표시할 권리를 가지는
데, 이를 성명표시권이라 한다(제12조 제1항).

(3) 동일성 유지권

저작자는 그의 저작물의 내용·형식 및 제호의 동일성을
유지할 권리(동일성 유지권)를 가진다(제13조 제1항).

다. 저작인격권의 보호

저작인격권은 일신전속성에 의하여 저작자 생존기간 동
안 보호되나(제14조 제1항), 저작자의 인격적 이익은 영원히 보호
된다. 저작인격권을 직접 침해하는 행위가 아니라 하더라도
저작자의 명예를 훼손하는 방법으로 저작물을 이용하는 행위
는 저작인격권의 침해가 된다(제124조 제2항).

3. 저작재산권

가. 저작재산권의 개념

저작재산권은 경제적인 권리로서 소유권과 같이 배타적인
권리이며, 누구라도 저작권자의 허락 없이는 그 저작물을 이
용할 수 없다.

나. 저작재산권의 내용

(1) 원저작물에 대한 권리

(가) 복제권

저작자는 그의 저작물을 복제할 권리를 가진다(제16조). 복제권이란 저작자가 저작물을 인쇄, 사진촬영, 복사, 녹음, 녹화 그 밖의 방법으로 일시적132) 또는 영구적으로 유형물에 고정하거나 다시 제작하는 것133)을 말한다.

(나) 공연권

저작자는 그의 저작물을 공연할 권리를 가진다(제17조). 여기서 '공연'이란 개인적인 연극 및 연주가 아니고, 직접 공중에 보여주거나 또는 들려주는 것을 목적으로 하는 것을 말한다.134)

---

132) 2011년 개정 저작권법에서 디지털 환경에서 저작자의 권리를 보호하기 위하여 일시적 저장을 복제의 범위에 명시하였다.

133) 저작권법상의 복제란 유형물에 고정하거나 다시 제작하는 것에 한하므로, 공연, 방송, 연주 등의 무형적 복제는 포함하지 않으며 공연권, 공중송신권을 따로 규정하고 있다.

134) 자신의 저작물을 스스로 공연할 수도 있고, 타인으로 하여금 공연하도록 허락하거나 하지 못하도록 금지할 배타적 권리를 가진다; 오승종, 『저작권법』 (2016), 502면.

(다) 공중송신권

저작자는 그의 저작물을 공중송신할 권리를 가진다(제18조).[135] 공중송신은 ① 방송, ② 전송, ③ 디지털음성송신을 포괄하는 개념이다.

(라) 전시권

저작자는 미술저작물 등의 원본이나 그 복제물을 전시할 권리를 가진다(제19조). 전시는 저작물이 화체되어 있는 유형물을 일반인이 자유롭게 관람할 수 있도록 진열하거나 게시하는 것을 말한다.[136]

미술저작물 원본을 구입한 소유자는 저작자의 허락없이 전시할 수 있다(제35조).

(마) 배포권

저작자는 저작물의 원본이나 그 복제물을 배포할 권리를 가진다(제20조 본문). 그러나 저작물의 원본이나 그 복제물이 해당 저작재산권자의 허락을 받아 판매 등의 방법으로 거래에 제공되는 경우에는 그러하지 아니하다(제20조 단서). 이를 "권리소진의 원칙"(exhaustion of right) 또는 "최초판매의 원

---

135) 공중송신은 저작물, 실연·음반·방송 또는 데이터베이스(저작물 등)를 공중이 수신하거나 접근하게 할 목적으로 무선 또는 유선통신의 방법에 의하여 송신하거나 이용에 제공하는 것을 말한다(제2조 제7호).

136) 오승종, 『저작권법』(2016), 558면.

칙"(first sale doctrine)이라 한다.

(바) 대여권

저작자는 상업적 목적으로 공표된 음반이나 상업적 목적으로 공표된 프로그램을 영리를 목적으로 대여할 권리를 가진다(제21조).

(2) 2차적 저작물에 대한 권리

저작자는 그의 저작물을 원저작물로 하는 2차적 저작물을 작성하여 이용할 권리를 가진다(제22조).

2차적 저작물의 이용에 대해서는 2차적 저작물의 저작자뿐만 아니라 원저작자도 저작자와 같은 권리를 가진다.[137]

다. 저작재산권의 보호

(1) 저작재산권 보호기간의 의미

저작권은 저작자를 보호하는 동시에 저작물을 이용하여 새로운 창작을 창출하도록 하기 위하여 특허권, 디자인권 등과 같이 일정기간이 지나면 권리가 소멸한다. 이와 같이 저작물도 창작 후 일정한 기간이 지나면 누구나 자유롭게 이용할 수가 있다.[138]

---

137) 윤선희, 『지적재산권법』 (2018), 453면.

(2) 저작재산권의 보호기간

저작권이나 저작인접권 등의 저작권법상의 권리는 원칙적으로 저작자가 저작물을 창작한 때부터 권리가 발생하여, 저작자의 생존기간과 사후 70년간을 존속한다(제39조 제1항). 다음의 경우에는 예외로 하고 있다.

① 공동저작물은 마지막 저작자가 사망한 때를 기산점으로 70년간의 존속기간을 산정한다(제39조 제2항).

② 무명 또는 이명저작물은 공표된 때로부터 70년간 존속한다(제40조 제1항).

③ 업무상저작물은 공표된 때로부터 70년간 존속한다. 다만, 창작한 때부터 50년 이내에 공표되지 아니한 경우에는 창작한 때부터 70년간 존속한다(제41조).

④ 영상저작물은 공표된 때로부터 70년간 존속한다. 다만, 창작한 때부터 50년 이내에 공표되지 아니한 경우에는 창작한 때부터 70년간 존속한다(제42조).

⑤ 저작인접권은 ㉮ 실연의 경우에는 그 실연을 한 때, ㉯ 음반의 경우에는 그 음반을 발행한 때의 다음 해부터 기산하여 70년간 존속하고, ㉰ 방송의 경우에는 그 방송을 한 때의 다음 해부터 기산하여 50년간 존속한다(제86조 제1항 및 제2항).

⑥ 공표시기에 관한 판단은, ㉮ 신문, 잡지와 같은 정기간행물이나 백과사전과 연속간행물의 공표시기는 매책, 매호 또는 매회의 공표시를 공표시기로 보며, ㉯ 수회에 걸쳐 동일주제에 관한 논문을 발표하는 경우와 같이 일부분씩 순차적으로 공표하여 완성하는 저작물에 있어서는 최종부분이 공표된 때를

---

138) 문화적 소산인 저작물은 선인들의 유산인 저작물을 이용하여 새로이 창작한 것이기 때문에 무한정으로 재산권을 보호하는 것은 타당하지 않기 때문이다.

공표시기로 보되, 계속되어야 할 부분이 3년 이상 중단된 경우에는 그때까지 공표된 부분 중 맨 마지막의 부분이 공표된 때를 공표시기로 본다. ㉮ 잡지 등과 같이 실제 발행시기와 명목상 발행시기가 다른 경우에는 실제 발행시기를 공표시기로 본다(제43조 제1항 및 제2항).

⑦ 보호기간의 기산방법은 계산방법을 간단하게 하기 위해 사망, 공표, 창작한 해 다음 해 1월 1일부터 기산한다(제44조).

라. 저작재산권의 변동

저작인격권은 양도가 되지 않는 일신전속적인 성격을 가짐에 반하여, 저작재산권은 양도와 이용을 위한 허락이 인정된다.

(1) 저작재산권의 양도

저작재산권은 전부 또는 일부를 영도할 수 있다(제45조 제1항). 전부양도란 저작자가 저작물을 만들어 냄으로써 원시적으로 취득하게 된 권리 중 경제적 이익의 보호를 위한 일체의 권리를 말하고, 일부양도란 분할양도와 제한양도를 합한 것을 말한다.

(2) 저작물의 이용허락

저작재산권자는 다른 사람에게 그 저작물의 이용을 허락할 수 있다(제46조 제1항). 허락을 받은 자는 이용방법 및 조건의 범위 안에서 그 저작물을 이용할 수 있으나(제46조 제2항), 원저작재산권자의 동의 없이 제3자에게 이를 양도할 수 없다(제46조 제3항).

(3) 질권의 행사

저작재산권을 목적으로 하는 질권은 그 저작재산권의 양도 또는 그 저작물의 이용에 따라 저작재산권자가 받을 금전 그 밖의 물건에 대하여도 행사할 수 있다(제47조 제1항 본문). 다만, 이들의 지급 또는 인도 전에 이를 압류하여야 한다(제47조 제1항 단서).

(4) 공동저작물의 저작재산권의 행사

공동저작물의 저작재산권은 그 저작재산권자의 전원의 합의에 의하지 아니하고는 이를 행사할 수 없다(제48조 제1항). 또한 창작에 이바지한 정도에 따라 이익이 각자에게 배분되며, 이바지한 정도가 명확하지 않을 시 균등한 것으로 추정한다(제48조 제2항).

(5) 저작재산권 등의 기증

저작재산권자 등은 자신의 권리를 문화체육관광부장관에게 기증할 수 있다(제135조 제1항).

(6) 저작재산권의 소멸

저작재산권의 소멸사유는 ① 보호기간의 만료, ② 상속인 없이 사망하거나 저작재산권자인 법인 또는 단체의 해산, ③ 저작재산권의 포기, ④ 민법상 시효제도 등을 들 수 있다.[139]

마. 저작재산권의 제한

저작권은 저작권자의 권리를 배타적으로 보호하지만, **문화발전이나 공익의 목적**에서 이를 제한하여 자유롭게 이용할 수 있도록 할 필요가 있다.

이러한 목적으로 우리 저작권법도 다음과 같이 **저작재산권을 제한하는 다수 규정**을 두고 있다.[140] 이렇게 저작물을 자유롭게 이용할 수 있는 자도 최소한 그 출처는 명시하여야 한다(제37조 제1항).

① 재판 등에서의 복제(제23조), ② 정치적 연설 등의 이용(제24조), ③ 공공저작물의 자유이용(제24조의2), ④ 학교교육 목적 등에의 이용(제25조), ⑤ 시사보도를 위한 이용(제26조), ⑥ 시사적인 기사 및 논설의 복제 등(제27조), ⑦ 공표된 저작물의 인용(제28조), ⑧ 영리를 목적으로 하지 아니하는 공연·방송(제29조), ⑨ 사적이용을 위한 복제(제30조), ⑩ 도서관등에서의 복제 등(제31조), ⑪ 시험문제를 위한 복제 등(제32조), ⑫ 시각장애인 등을 위한 복제 등(제33조), ⑬ 청각장애인 등을 위한 복제 등(제33조의2), ⑭ 방송사업자의 일시적 녹음·녹화(제34조), ⑮ 미술저작물등의 전시 또는 복제(제35조), ⑯

---

139) 이해완, 『저작권법』 (2019), 641~642면.

140) 저작인격권에 영향을 미치는 것으로 해석되어서는 아니 된다(제38조).

저작물 이용과정에서의 일시적 복제(제35조의2), ⑰ 부수적 복제 등
(제35조의3), ⑱ 문화시설에 의한 복제 등(제35조의4), ⑲ 저작물의 공
정한 이용(제35조의5), ⑳ 번역 등에 의한 이용(제36조) 등.

이 중에서 **공공저작물의 자유이용제도**는 2013년 저작권법
개정시 도입(제24조의2)되었으며, ① 국가 또는 지방자치단체의
공공저작물(협의의 공공저작물)과 ② 공공단체의 공공저작물을 합
하여 "광의의 공공저작물" 이라 한다. 그리고 문화체육관광
부는 공공저작물 이용활성화를 위하여 **공공누리제도**141)를 시
행하고 있다.

4. 저작인접권

가. 저작인접권의 개념

저작인접권이란 저작물의 창작자는 아니지만 저작물을 공
중에게 전달하는 데 중요한 역할을 하는 실연자, 음반제작자,
방송사업자 등에게 인정한 저작권에 유사한 권리를 말한

---

141) 공공저작물 자유이용 허락 표시제도(Korea Open Government
License)는 국가, 지방자치단체, 공공기관이 4가지 공공누리 유형마크
를 통해 개방한 공공저작물 정보를 통합 제공하는 서비스이며, 저작
물별로 적용된 유형별 이용조건에 따라 저작권 침해의 부담 없이무
료로 자유롭게 이용할 수 있다; http://www.kogl.or.kr/info/introduce.do.

다.142) 입법적으로 영미법계에서는 저작인접권을 별도로 규정하지 않고 저작권에 포함시키고 있지만, 독일·프랑스·일본·이탈리아 등 대륙법계에서는 따로 규정하고 있다.143)

이는 내용면에서 2차적 저작권과 비슷하지만, 저작인접권을 저작권과 별도로 규정한 것은 보호기간이나 보호범위 등 권리의 보호면에서 저작권보다 제한하기 위한 것이다.144)

나. 저작인접권의 내용

(1) 실연자의 권리

(가) 실연자의 개념

실연자란 **저작물**을 연기·무용·연주·가창·구연·낭독 그 밖의 예능적 방법으로 표현하거나 **저작물이 아닌 것을** 이와 유사한 방법으로 표현하는 실연을 하는 자를 말하며, 실연을 지휘, 연출 또는 감독하는 자를 포함한다(제2조 제4호). 배우·가수·연주가·무용가 등이 여기에 해당하며, 마술이나 서커스도 해당된다.145)

---

142) 윤선희, 『지적재산권법』 (2018), 477면.

143) 박성호, 『저작권법』 (2017), 380면.

144) 오승종, 『저작권법』 (2016), 931면.

145) 실연의 권리는 우리나라가 2009년 5월 20일 실연음반조약 (WIPO Performances and Phonograms Treaty, WPPT)가입을 앞두고, 2006년 저작권법 개정시 국제적 기준에 맞게 실연자에게 배포권, 공연권,

(나) 실연자의 인격권

실연자는 ① 그의 실연 또는 실연의 복제물에 그의 실명 또는 이명을 표시할 권리(성명표시권)와 ② 그의 실연의 내용과 형식의 동일성을 유지할 권리(동일성 유지권)를 가진다(제66조 제1항 및 제67조 제1항).146)

(다) 복제권

실연자는 그의 실연을 복제할 권리를 가진다(제69조).

(라) 배포권

실연자는 그의 실연의 복제물을 배포할 권리를 가진다. 다만, 실연의 복제물이 실연자의 허락을 받아 판매 등의 방법으로 거래에 제공된 경우에는 그러하지 아니하다(제70조).

(마) 대여권

실연자는 제70조의 단서의 규정에 불구하고 그의 실연이 녹음된 상업용 음반을 영리를 목적으로 대여할 권리를 가진다(제71조).

(바) 공연권

성명표시권, 동일성유지권 등을 부여한 것이다.

146) 실연자에게는 저작자에게 부여된 공표권은 인정되지 않는다; 오승종, 『저작권법』 (2016), 939면.

실연자는 그의 고정되지 아니한 실연을 공연할 권리를 가진다. 다만, 그 실연이 방송되는 실연인 경우에는 그러하지 아니한다(제72조).

(사) 방송권

실연자는 그의 실연을 방송할 권리를 가진다. 다만, 실연자의 허락을 받아 녹음된 실연에 대하여는 그러하지 아니하다(제73조).

(아) 전송권

실연자는 그의 실연을 전송할 권리를 가진다(제74조).

(자) 실연자에 대한 보상

방송사업자, 디지털음성송신사업자, 상업용 음반을 사용하여 공연하는 자는 모두 해당 실연자에게 상당한 보상금을 지급하여야 한다(제75조 제1항, 제76조 제1항, 제76조의2 제1항).

(차) 공동 실연자

2인 이상이 공동으로 합창 및 연주 등을 실연하는 경우에 있어서 실연자의 권리는 공동으로 실연하는 자가 선출하는 대표자가 이를 행사한다(제77조 제1항).

(2) 음반제작자의 권리

(가) 음반 및 음반제작자자의 개념

음반이란 음이 유형물[147]에 고정된 것을 말한다. 그리고 **음반제작자**란 음반을 최초로 제작하는 데 있어 전체적으로 기획하고 책임을 지는 자를 말한다. 따라서 음반제작자란 음반을 제작하는 사람을 말하는 것이 아니고, **음을 이 세상에 맨 처음으로 유형물에 고정한 사람**을 말하는 것이다.[148]

(나) 음반제작자자의 권리

음반제작자는 배타적 권리로 복제권, 배포권, 대여권, 전송권과 보상청구권으로 방송보상청구권, 디지털음성송신보상청구권, 상업용 음반의 사용에 대한 공연보상청구권을 가진다.

(3) 방송사업자의 권리

방송이란 공중송신 중 공중이 동시에 수신하게 할 목적으로 음, 영상 또는 음과 영상 등을 송신하는 것을 말한다.

방송사업자란 방송을 업으로 하는 자를 말하며, 방송사업자는 ① 그의 방송을 복제할 권리(제84조), ② 동시중계방송할 권리(제85조), ③ 공중의 접근이 가능한 장소에서 방송의 시청과 관련하여 입장료를 받는 경우에 그 방송을 공연할 권리(제85조의2)를 가진다.

---

147) '유형물'이란 녹음된 유형물 자체를 말하는 것이 아니라 녹음물에 음이 고정되어 있는 추상적인 존재를 의미하는 것이다.

148) 윤선희, 『지적재산권법』(2018), 483면.

다. 저작인접권의 보호

저작인접권은, ① 실연의 경우에는 그 실연을 한 때, ② 음반의 경우에는 그 음을 맨 처음 음반에 고정한 때, ③ 방송의 경우에는 그 방송을 한 때로부터 권리가 발생하며, 그 다음 해부터 기산하여 **70년간**을 존속한다(제86조 제2항).

단, 음반의 경우에는 그 음반을 발행한 때부터 기산하되, 음을 음반에 맨 처음 고정한 때의 다음 해부터 기산하여 50년이 경과한 때까지 음반을 발행하지 아니한 경우에는 음을 음반에 맨 처음 고정한 때로부터 기산된다(제86조 제2항).

5. 영상저작물에 대한 권리

가. 저작물의 영상화

저작재산권자가 저작물의 영상화를 다른 사람에게 허락한 경우에 특약이 없는 때에는 다음의 권리를 포함하여 허락한 것으로 추정한다(제99조 제1항).

① 영상저작물을 제작하기 위하여 저작물을 각색하는 것
② 공개상영을 목적으로 한 영상저작물을 공개상영하는 것
③ 방송을 목적으로 한 영상저작물을 방송하는 것
④ 전송을 목적으로 한 영상저작물을 전송하는 것

⑤ 영상저작물을 그 본래의 목적으로 복제·배포하는 것
⑥ 영상저작물의 번역물을 그 영상저작물과 같은 방법으로 이용
　하는 것.

　저작재산권자는 그 저작물의 영상화를 허락한 경우에 특약이 없는 때에는 허락한 날부터 5년이 경과한 때에 그 저작물을 다른 영상저작물로 영상화하는 것을 허락할 수 있다(제99조 제2항).

나. 영상저작물에 대한 권리

　영상제작자와 영상저작물의 제작에 협력할 것을 약정한 자가 그 영상저작물에 대하여 저작권을 취득한 경우 특약이 없는 한 그 영상저작물의 이용을 위하여 필요한 권리는 영상제작자가 이를 양도받은 것으로 추정한다(제100조 제1항).

　영상저작물의 제작에 사용되는 소설·각본·미술저작물 또는 음악저작물 등의 저작재산권은 위 규정의 영향을 받지 아니한다(제100조 제2항).

　영상제작자와 영상저작물의 제작에 협력할 것을 약정한 실연자의 그 영상저작물의 이용에 관한 복제권, 배포권, 방송권 및 전송권은 특약이 없는 한 영상제작자가 이를 양도받은 것으로 추정한다(제100조 제3항).

다. 영상제작자의 권리

　영상저작물의 제작에 협력할 것을 약정한 자로부터 영상제작

자가 양도받는 영상저작물의 이용을 위하여 필요한 권리는 영상저작물을 복제·배포·공개상영·방송·전송 그 밖의 방법으로 이용할 권리로 하며, 이를 양도하거나 질권의 목적으로 할 수 있다(제101조 제1항).

실연자로부터 영상제작자가 양도받는 권리는 그 영상저작물을 복제·배포·방송 또는 전송할 권리로 하며, 이를 양도하거나 질권의 목적으로 할 수 있다(제101조 제2항).

제5절 저작권의 침해에 대한 구제

1. 침해로 보는 행위

다음의 어느 하나에 해당하는 행위는 저작권 그 밖에 이 법에 따라 보호되는 권리의 침해로 본다(제124조 제1항).

① 수입 시에 대한민국 내에서 만들어졌더라면 저작권 그 밖에 이 법에 따라 보호되는 권리의 침해로 될 물건을 대한민국 내에서 배포할 목적으로 수입하는 행위
② 저작권 그 밖에 이 법에 따라 보호되는 권리를 침해하는 행위에 의하여 만들어진 물건(수입물건 포함)을 그 사실을 알고 배포할 목적으로 소지하는 행위
③ 프로그램의 저작권을 침해하여 만들어진 프로그램의 복제물(수입 물건 포함)을 그 사실을 알면서 취득한 자가 이를 업무상

이용하는 행위.

그리고 저작자의 명예를 훼손하는 방법으로 저작물을 이용하는 행위는 저작인격권의 침해로 본다(제124조 제2항).

2. 민사적 구제

가. 침해의 정지 등 청구

저작권 그 밖에 이 법에 따라 보호되는 권리149)를 가진 자는 그 권리를 침해하는 자에 대하여 침해의 정지를 청구할 수 있으며, 그 권리를 침해할 우려가 있는 자에 대하여 침해의 예방 또는 손해배상의 담보를 청구할 수 있다(제123조 제1항). 이 때 침해행위에 의하여 만들어진 물건의 폐기나 그 밖의 필요한 조치도 청구할 수 있다(제123조 제2항).

이상의 청구가 있는 경우 또는 이 법에 따른 형사의 기소가 있는 때에는 법원은 원고 또는 고소인의 신청에 따라 담보를 제공하거나 제공하지 아니하게 하고, 임시로 침해행위의 정지 또는 침해행위로 말미암아 만들어진 물건의 압류 그 밖의 필요한 조치를 명할 수 있다(제123조 제3항).150)

---

149) 제25조・제31조・제75조・제76조・제76조의2・제82조・제83조 및 제83조의2의 규정에 따른 보상을 받을 권리를 제외한다. 이하 이 조에서 같다.

150) 그러나 저작권 그 밖에 이 법에 따라 보호되는 권리의 침해가 없다는 뜻의 판결이 확정된 때에는 신청자는 그 신청으로 인하여

나. 손해배상의 청구

저작권에 대한 침해도 민법상 불법행위에 해당하지만, 저작권법은 권리자의 구제를 용이하게 하기 위하여 다음과 같은 특칙을 두고 있다.[151]

저작재산권 그 밖에 이 법에 따라 보호되는 권리[152]를 가진 자(저작재산권자등)가 고의 또는 과실로 권리를 침해한 자에 대하여 그 침해행위에 의하여 자기가 받은 손해의 배상을 청구하는 경우에 그 권리를 침해한 자가 그 침해행위에 의하여 이익을 받은 때에는 그 이익의 액을 저작재산권자등이 받은 손해의 액으로 추정한다(제125조 제1항).

저작재산권자등이 고의 또는 과실로 그 권리를 침해한 자에 대하여 그 침해행위에 의하여 자기가 받은 손해의 배상을 청구하는 경우에 그 권리의 행사로 통상 받을 수 있는 금액에 상당하는 액을 저작재산권자등이 받은 손해의 액으로 하여 그 손해배상을 청구할 수 있다(제125조 제2항). 그러나 저작재산권자등이 받은 손해의 액이 이 금액을 초과하는 경우에는 그 초과액에 대하여도 손해배상을 청구할 수 있다(제125조 제3항).

등록되어 있는 저작권, 배타적발행권(제88조 및 제96조에 따라 준용되는 경우를 포함한다), 출판권, 저작인접권 또는 데이터베이스제작자의 권리를 침해한 자는 그 침해행위에 과실이 있는 것으로

발생한 손해를 배상하여야 한다(제123조 제4항).

151) 조영선, 『지적재산권법』(2019), 375면.

152) 저작인격권 및 실연자의 인격권을 제외한다.

추정한다(제125조 제4항).

다. 법정손해배상의 청구

저작재산권자등은 고의 또는 과실로 권리를 침해한 자에 대하여 사실심(事實審)의 변론이 종결되기 전에는 실제 손해액이나 위 손해액을 갈음하여 침해된 각 저작물등마다 1천만원(영리를 목적으로 고의로 권리를 침해한 경우에는 5천만원) 이하의 범위에서 상당한 금액의 배상을 청구할 수 있다(제125조의2 제1항).

둘 이상의 저작물을 소재로 하는 편집저작물과 2차적저작물은 하나의 저작물로 본다(제125조의2 제2항).

라. 명예회복 등의 청구

저작자 또는 실연자는 고의 또는 과실로 저작인격권 또는 실연자의 인격권을 침해한 자에 대하여 손해배상에 갈음하거나 손해배상과 함께 명예회복을 위하여 필요한 조치를 청구할 수 있다(제127조).

마. 저작자의 사망 후 인격적 이익의 보호

저작자가 사망한 후에 그 유족153)이나 유언집행자는 당해

---

153) 사망한 저작자의 배우자 · 자 · 부모 · 손 · 조부모 또는 형제자매를 말한다.

저작물에 대하여 제14조 제2항의 규정을 위반하거나 위반할
우려가 있는 자에 대하여는 제123조의 규정에 따른 청구를
할 수 있다.

고의 또는 과실로 저작인격권을 침해하거나 제14조 제2항
의 규정을 위반한 자에 대하여는 제127조의 규정에 따른 명
예회복 등의 청구를 할 수 있다(제128조).

바. 공동저작물의 권리침해

공동저작물의 각 저작자 또는 각 저작재산권자는 다른 저
작자 또는 다른 저작재산권자의 동의 없이 제123조의 규정에
따른 청구를 할 수 있으며 그 저작재산권의 침해에 관하여
자신의 지분에 관한 제125조의 규정에 따른 손해배상의 청구
를 할 수 있다(제129조).

사. 정보의 제공

법원은 저작권, 그 밖에 이 법에 따라 보호되는 권리의 침
해에 관한 소송에서 당사자의 신청에 따라 증거를 수집하기
위하여 필요하다고 인정되는 경우에는 다른 당사자에 대하여
그가 보유하고 있거나 알고 있는 다음의 정보를 제공하도록
명할 수 있다(제129조의2 제1항).

① 침해 행위나 불법복제물의 생산 및 유통에 관련된 자를 특정

할 수 있는 정보
② 불법복제물의 생산 및 유통 경로에 관한 정보.

그러나 다른 당사자는 다음의 어느 하나에 해당하는 경우에는 정보의 제공을 거부할 수 있다(제129조의2 제2항).

① 다른 당사자, 다른 당사자의 친족이거나 친족 관계가 있었던 자, 다른 당사자의 후견인 중 어느 하나에 해당하는 자가 공소 제기되거나 유죄판결을 받을 우려가 있는 경우
② 영업비밀 또는 사생활을 보호하기 위한 경우이거나 그 밖에 정보의 제공을 거부할 수 있는 정당한 사유가 있는 경우.

다른 당사자가 정당한 이유 없이 정보제공 명령에 따르지 아니한 경우에는 법원은 정보에 관한 당사자의 주장을 진실한 것으로 인정할 수 있다(제129조의2 제3항).

아. 비밀유지명령

(1) 비밀유지명령의 요건

① 저작권 및 이 법에 따라 보호되는 권리154)의 침해에 관한 소송에서, ② 그 당사자가 보유한 영업비밀에 대하여 다음의 사유를 모두 소명하고, ③ 그 당사자가 신청하는 경우에, 법원은 결정으로 비밀유지명령을 내릴 수 있다(제129조의3 제1항).

---

154) 제25조, 제31조, 제75조, 제76조, 제76조의2, 제82조, 제83조, 제83조의2 및 제101조의3에 따른 보상을 받을 권리는 제외한다.

① 이미 제출하였거나 제출하여야 할 준비서면 또는 이미 조사하였거나 조사하여야 할 증거(제129조의2 제4항에 따라 제공된 정보 포함)에 영업비밀이 포함되어 있다는 것

② 위 ①의 영업비밀이 해당 소송수행 외의 목적으로 사용되거나 공개되면 당사자의 영업에 지장을 줄 우려가 있어 이를 방지하기 위하여 영업비밀의 사용 또는 공개를 제한할 필요가 있다는 것.

그러나 그 신청 시까지 다른 당사자, 당사자를 위하여 소송을 대리하는 자, 그 밖에 해당 소송으로 인하여 영업비밀을 알게 된 자가 준비서면의 열람 및 증거조사 외의 방법으로 해당 영업비밀을 이미 취득한 경우에는 비밀유지명령을 내릴 수 없다(제129조의3 제1항 단서).

(2) 비밀유지명령의 대상자

비밀유지명령은 ① 다른 당사자, ② 당사자를 위하여 소송을 대리하는 자, ③ 그 밖에 해당 소송으로 인하여 영업비밀을 알게 된 자에게 내린다(제129조의3 제1항).

(3) 비밀유지명령의 내용

비밀유지명령은 해당 영업비밀을 해당 소송의 계속적인 수행 외의 목적으로 사용하거나 해당 영업비밀에 관계된 이 항에 따른 명령을 받은 자 외의 자에게 공개하지 아니할 것을 명하는 것이다(제129조의3 제1항).

자. 불법 복제물의 수거·폐기 및 삭제

문화체육관광부장관, 특별시장·광역시장·도지사·특별자치도지사 또는 시장·군수·구청장(자치구의 구청장을 말한다)은 저작권 그 밖에 이 법에 따라 보호되는 권리를 침해하는 복제물(정보통신망을 통하여 전송되는 복제물은 제외한다) 또는 저작물등의 기술적 보호조치를 무력하게 하기 위하여 제작된 **기기·장치·정보 및 프로그램**을 발견한 때에는 대통령령으로 정한 절차 및 방법에 따라 관계공무원으로 하여금 이를 수거·폐기 또는 삭제하게 할 수 있다(제133조 제1항).

차. 정보통신망을 통한 불법복제물등의 삭제명령 등

문화체육관광부장관은 정보통신망을 통하여 저작권이나 그 밖에 이 법에 따라 보호되는 권리를 침해하는 **복제물** 또는 정보, 기술적 보호조치를 무력하게 하는 **프로그램 또는 정보**가 전송되는 경우에 심의위원회의 심의를 거쳐 대통령령으로 정하는 바에 따라 온라인서비스제공자에게 필요한 조치155)를 할 것을 명할 수 있다(제133조의2 제1항).

카. 시정권고 등

---

155) ① 불법복제물등의 복제·전송자에 대한 경고, ② 불법복제물등의 삭제 또는 전송 중단.

보호원은 온라인서비스제공자의 정보통신망을 조사하여 불법복제물등이 전송된 사실을 발견한 경우에는 심의위원회의 심의를 거쳐 **온라인서비스제공자**에 대하여 시정 조치[156]를 권고할 수 있다(제133조의3 제1항).[157]

3. 형사적 구제

가. 5년 이하의 징역 또는 5천만원 이하의 벌금

다음의 어느 하나에 해당하는 자는 **5년 이하의 징역 또는 5천만원 이하의 벌금**에 처하거나 이를 병과할 수 있다(제136조 제1항).

① 저작재산권, 그 밖에 이 법에 따라 보호되는 재산적 권리(제93조에 따른 권리는 제외)를 복제, 공연, 공중송신, 전시, 배포, 대여, 2차적저작물 작성의 방법으로 침해한 자
② 제129조의3 제1항에 따른 법원의 명령을 정당한 이유 없이 위반한 자.

---

156) ① 불법복제물등의 복제·전송자에 대한 경고, ② 불법복제물등의 삭제 또는 전송 중단, ③ 반복적으로 불법복제물등을 전송한 복제·전송자의 계정 정지.

157) 인터넷 포털사이트를 운영하는 온라인서비스제공자가 제공한 인터넷 게시공간에 타인의 저작권을 침해하는 게시물이 게시되었고 그 검색 기능을 통하여 인터넷 이용자들이 위 게시물을 쉽게 찾을 수 있더라도, 그러한 사정만으로 곧바로 온라인서비스제공자에게 저작권 침해 게시물에 대한 불법행위책임을 지울 수는 없다: 대법원 2019. 2. 28. 선고 2016다271608 판결.

나. 3년 이하의 징역 또는 3천만원 이하의 벌금

다음의 어느 하나에 해당하는 자는 **3년 이하의 징역 또는 3천만원 이하의 벌금**에 처하거나 이를 병과할 수 있다(제136조 제2항).

① 저작인격권 또는 실연자의 인격권을 침해하여 저작자 또는 실연자의 명예를 훼손한 자
② 제53조 및 제54조[158)]에 따른 등록을 거짓으로 한 자
③ 제93조에 따라 보호되는 데이터베이스제작자의 권리를 복제·배포·방송 또는 전송의 방법으로 침해한 자 등.

다. 1년 이하의 징역 또는 1천만원 이하의 벌금

다음의 어느 하나에 해당하는 자는 **1년 이하의 징역 또는 1천만원 이하의 벌금**에 처한다(제137조 제1항).

① 저작자 아닌 자를 저작자로 하여 실명·이명을 표시하여 저작물을 공표한 자
② 실연자 아닌 자를 실연자로 하여 실명·이명을 표시하여 실연을 공연 또는 공중송신하거나 복제물을 배포한 자 등.

라. 500만원 이하의 벌금

---

158) 제90조 및 제98조에 따라 준용되는 경우를 포함한다.

다음의 어느 하나에 해당하는 자는 **500만원 이하의 벌금**에 처한다(제138조).

① 제35조 제4항을 위반한 자
② 제37조를 위반하여 출처를 명시하지 아니한 자 등.

마. 몰 수

저작권, 그 밖에 이 법에 따라 보호되는 권리를 침해하여 만들어진 **복제물**과 그 복제물의 제작에 주로 사용된 **도구나 재료** 중 그 침해자·인쇄자·배포자 또는 공연자의 소유에 속하는 것은 몰수한다(제139조).

바. 친고죄

저작권 침해에 대한 공소는 고소가 있어야 하지만, 예외가 있다(제140조).

사. 양벌규정

법인의 대표자나 법인 또는 개인의 대리인·사용인 그 밖의 종업원이 그 법인 또는 개인의 업무에 관하여 이상의 죄를 범한 때에는 **행위자**를 벌하는 외에 그 **법인 또는 개인**에 대하여도 각 해당 규정의 벌금형을 과한다.

〈표 4〉 지식재산권법의 총정리

구 분	특허법	실용신안법	디자인보호법	상표법	저작권법
주 체	발명자	고안자	디자인 창작자	상표 사용자	저작자
대 상	발명	고안	디자인	상표	저작물
절 차	1. 출원서 (특허청장) 2. 출원공개제도 3. 심사 4. 등록	(좌동)	(좌동)	1. 출원서 (특허청장) 2. 심사 3. 출원공고제도 4. 등록	-
효 력	실시권 20년	실시권 10년	실시권 20년	전용사용권 10년	1. 저작인격권: 생존기간,영구적 2. 저작재산권: 생존기간+사후 70년 3. 저작인접권: 70년
구 제	1. 민사: 침해금지 예방, 손해배상청구권 등 2. 형사: 침해죄 등	(좌동)	(좌동)	(좌동)	(좌동)

참 고 문 헌

Ⅰ. 한국 문헌

가. 단행본

강충인, 『4차 산업혁명시대 지식재산권법 무엇이 바뀌는가?』, 지식공감, 2018.

김정완·김원준, 『지식재산권법』, 전남대학교 출판부, 2013.

디자인법연구회, 『디자인보호법 판례연구』, 박영사, 2019.

박성호, 『저작권법』, 박영사, 2017.

박승두, 『핵심 지식재산권법』, 신세림출판사, 2020.

신혜원, 『저작재산권의 입법형성에 관한 연구』, 경인문화사, 2019.

오승종, 『저작권법』, 박영사, 2016.

_____, 『저작권권법강의』, 박영사, 2018.

오승택, 『특허법』, 박문각, 2015.

윤권순, 『지식재산권법이란 무엇인가』, 화산미디어, 2019.

윤선희, 『지적재산권법』, 세상출판사, 2018.

_____, 『디자인보호법』, 박영사, 2018.

이동훈·이창배·노철우, 『지식재산권법』, 동방문화사, 2019.

이해완,『저작권법』, 박영사, 2019.

임병웅,『특허법』, 한빛지적소유권센터, 2018.

전병서,『민사집행법』, 박영사, 2019.

정상조·박준석,『지식재산권법』, 홍문사, 2019.

정연덕,『저작권의 이해』, 세창출판사, 2019.

정영환,『신민사소송법』, 법문사, 2019.

조영선,『특허법』, 박영사, 2013.

_____,『지적재산권법』, 박영사, 2019.

최덕규,『특허법』, 세창출판사, 1996.

최병록,『지식재산권의 이해』, 이프레스, 2019.

홍봉규,『지적재산권법 개론』, 박영사, 2019.

나. 논 문

계승균, "문화산업의 발전에 따른 저작권법의 과제 - 영상제
　　　작자의 영상화권을 중심으로 -",『법학연구』, 제47권
　　　제2호, 부산대학교 법과대학·법학연구소, 2007.2.

김경숙, "저작인격권의 제한과 공정이용- UCC의 이용활성화
　　　의 관점에서 -",『법학연구』, 제53권 제2호, 부산대학
　　　교 법학연구소, 2012.5.

김웅, "신규성 상실 예외의 적용을 받는 공업디자인의 범위",
　　　디자인법연구회,『디자인보호법　판례연구』, 박영사,

2019.

____, "미니멀 디자인의 용이창작 판단", 디자인법연구회,『디자인보호법 판례연구』, 박영사, 2019.

성기문, "용도발명에 관한 소고",『특허소송연구』, 제2집, 특허법원, 2001.12.

이용민, "디자인 성립요건으로서의 '물품성'에 대한 논의", 디자인법연구회,『디자인보호법 판례연구』, 박영사, 2019.

정태호, "공업상 이용할 수 있는 디자인과 물품성", 디자인법연구회,『디자인보호법 판례연구』, 박영사, 2019.

조국현, "확대된 선출원주의제도 개선방안", 디자인법연구회,『디자인보호법 판례연구』, 박영사, 2019.

조연하·유수정,"저작물 성립 요건으로서의 창작성의 개념과 판단 기준: 국내 법원의 판결 논리를 중심으로",『방송과 커뮤니케이션』, 제12호, 방송문화진흥회, 2011.

II. 일본 문헌

가. 단행본

小泉直樹外編, 『著作權判例百選』:『別冊Jurist』, 第242号,有斐閣, 2019.

小泉直樹外編, 『特許判例百選』:『別冊Jurist』, 第244号, 有斐閣, 2019.

나. 논 문

茶園成樹, "侵害訴訟における無効主張と權利濫用", 『特許判例百選』:『別冊Jurist』, 第244号, 有斐閣, 2019.

東海林 保, "間接の間接", 『特許判例百選』:『別冊Jurist』, 第244号, 有斐閣, 2019.

小泉直樹, "發明のカテゴリ", 『特許判例百選』:『別冊Jurist』, 第244号, 有斐閣, 2019.

長塚眞琴, "共同著作の成立要件", 『著作權判例百選』:『別冊Jurist』, 第242号, 有斐閣, 2019.

田村善之, "創作的表現の共通性", 『著作權判例百選』:『別冊Jurist』, 第242号, 有斐閣, 2019.

中山一郎, "表現の創作者", 『著作權判例百選』:『別冊Jurist』, 第242号, 有斐閣, 2019.

村上畵里, "共有著作權と正當理由", 『著作權判例百選』:『別冊Jurist』, 第242号, 有斐閣, 2019.

Ⅲ. 영미 문헌

Frankel, S., *The Object and Purpose of Intellectual Property*, Edward Elgar, 2019.

Lehavi, A., *Property Law in a Globalizing World*, Cambridge University Press, 2019.

Muscolo, G., Tavassi, M., *The Interplay Between Competition Law and Intellectual Property An International Perspective*, Wolters Kluwer, 2019.

Odaki, K., *The Right to Employee Inventions in Patent Law*, Hart, 2018.

Seuba, X., *The Global Regime for the Enforcement of Intellectual Property Rights*, Cambridge University Press, 2019.

Sinnreich, A., *The Essential Guide to Intellectual Property*, Yale University Press, 2019.

▶ **YouTube**
박교수의 7분법(seven-law)
02 지식재산권법

초판인쇄 2020년 9월 1일 **초판발행** 2020년 9월 1일

지은이 박승두
펴낸이 이혜숙 **펴낸곳** 신세림출판사
등록일 1991년 12월 24일 제2-1298호

04559 서울특별시 중구 창경궁로 6, 702호(충무로5가, 부성빌딩)
전화 02-2264-1972 팩스 02-2264-1973
E-mail : shinselim72@hanmail.net

정가 18,000원

ISBN 978-89-5800-220-8, 03330